Elogi

«Cuando llega a mi me. ... en la mujer virtuosa de Proverbios 31:10-30, pues es una mujer conforme al corazón de Dios. Le pido a Dios largura de días y salud para mi hermana y amiga Claudia Pinzón, bendiciones en su ministerio y, en especial, que toda persona que tenga en sus manos este libro tan inspirador, reciba la transformación por el poder de nuestro Señor Jesucristo para vida eterna. Claudis, "colombianita de nuestro corazón", mi esposa Sonia y yo te amamos de una manera bien especial».

CARLOS A. COPPIN
PASTOR DE LA PRIMERA IGLESIA BAUTISTA HISPANA DE MANCHESTER,
CONNECTICUT LA IGLESIA DE LA FAMILIA

«La visita de Claudia a Puerto Rico resultó ser mucho más que una gran actividad... ¡fue un agente catalítico usado por Dios en un momento de necesidad e indefinición en la vida de muchas mujeres! Su elegante presencia, espíritu compasivo   compromiso e integridad personal marcaron un génesis de cambio en la mayoría de las asistentes. Anhelamos con ansias que, ahora, con este nuevo y motivador libro, de seguro que serán muchas las oportunidades que tendremos de seguir disfrutando del mensaje de sanidad y esperanza que le ha dado el Señor».

_PASTOR GABRIEL PRADA

PUERTO RICO

«Recomiendo con todo mi corazón este libro y me siento honrado de escribir estas sencillas líneas, pues sé que no se trata de una recopilación de mensajes sin grabar de una secretaria. Ni tampoco se trata del clásico y oportunista libro de autoayuda, ni de otro título que solo engrosará el catálogo de una editorial. Esta es una obra escrita con el alma. Sin frases hechas y sin caer en lugares comunes, revela la sencillez y la profundidad que tienen los que poseen ese toque divino para comunicar. Démosle la más cordial bienvenida a esta flamante obra escrita con el corazón y la providencia diaria del Señor».

DANTE GEBEL
EVANGELISTA Y AUTOR

Publicado por
Unilit
Medley, FL 33166

© 2008 por *Claudia Pinzón*
Primera edición 2008
Primera y segunda edición Serie Favoritos 2015, 2018

Edición: *Nancy Pineda*
Diseño interior y cubierta: *BGG Designs, Miami FL*
www.bggdesigns7.com (Alicia Mejias)

Categoría: Devocional / Vida cristiana / Crecimiento espiritual
Category: Devotional / Christian Living / Spiritual Growth

Producto: 497163
ISBN: 0-7899-2423-4 / 978-0-7899-2423-0

Impreso en Colombia
Printed in Colombia

CLAUDIA PINZÓN

Vive un día a la vez

¡Y comienza hoy!

Unilit

DEDICATORIA

Cada libro se lo dedico a Dios, pues Él es quien me ha preparado y entregado los recursos para que pueda escribir. También se lo dedico a todo el que hoy toma este libro en sus manos y decide leerlo, a todos los que como yo, dependemos de Dios y decidimos ser mejores cada día siguiendo sus pasos e instrucciones.

AGRADECIMIENTOS

De mi corazón solo puede salir agradecimiento a todos mis seguidores de tantos años, entre oyentes y lectores. Son varias décadas en la comunicación, a través de la radio, televisión, los libros y, ahora, en las redes sociales. Muchas gracias a mi Dios por cumplir cada sueño; a mi familia, porque sin su apoyo no hubiera podido trascender ni alcanzar mis metas. Y, como siempre, GRACIAS a Unilit por una década produciendo cada uno de estos libros. En especial, a Nancy Pineda, editora que con tanto amor y dedicación trabaja en mis manuscritos.

CONTENIDO

Cómo somos útiles

Ni aun el Hijo del hombre vino para que le sirvan,
sino para servir y para dar su vida en rescate por muchos.

Marcos 10:45

Quiero rendir un sincero homenaje a todas las personas que tienen claro el concepto del servicio. A las personas que dedican gran parte de su tiempo a servir a otros, son voluntarias de organizaciones y sacrifican de su tiempo para servir. Las admiro y le pido a Dios que las siga usando de una manera poderosa dondequiera que desempeñen ese don.

Sin duda alguna, el servicio es un don o un llamado. Hay personas que nacemos con ese llamado de ayudar, servir y escuchar al necesitado. Otras, aunque quizá no tengan la pasión, quieren aprender, se preparan y, de igual modo, lo hacen de una manera hermosa.

El servicio es un privilegio. La Palabra de Dios dice que «hay más dicha en dar que en recibir» (Hechos 20:35). Se siente una satisfacción muy grande cuando puedes extender la mano y ayudar. No hablamos de reconocimientos económicos, pues es lo que menos dinero deja, sino de lo mucho que vale una sonrisa, una lágrima por agradecimiento y el saber que, a fin de cuentas, no lo hacemos para nosotros, sino para Dios.

El mejor ejemplo, como digo a menudo, nos lo dejó Jesús. Siendo el Hijo de Dios vino para servir. Iba a todas partes y, a cualquier lugar que llegaba, lo hacía para sanar, liberar y enseñar. Incluso, hizo algo de gran significado: Les lavó los pies a sus discípulos. Jesús era un servidor por excelencia.

Pidámosle a Dios que nos guíe para ser buenos servidores y que produzca en nosotros «tanto el querer como el hacer» (Filipenses 2:13).

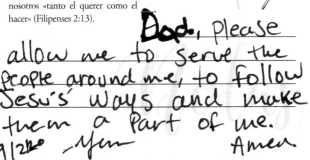

Dad, please allow me to serve the people around me, to follow Jesus's ways and make them a part of me.
9/2/20 —ยูน
Amen.

Activos, no pasivos

¿Por qué voy a inquietarme? ¿Por qué me voy a angustiar?
En Dios pondré mi esperanza [...] ¡Él es mi Salvador y mi Dios!

Salmo 42:5, NVI

La pasividad no es una amiga para ninguno de nosotros. ¿Sabías que la pereza y la falta de motivación logran carcomerte por dentro? Los que vivimos en Estados Unidos sabemos que aunque aquí se trabaja fuerte, se vive el fenómeno de la tristeza y la soledad. No todos tienen sus familiares acá y se pueden sentir algunas de estas cosas que, llevadas al extremo, son nocivas.

En esos casos, no vas a tener tiempo para pensar mucho, más aún si se está en circunstancias que afectan tu vida como un divorcio, una separación, una pérdida de un ser querido o un trabajo. En estas situaciones, casi al instante dejamos de luchar para salir adelante. Entonces, surge el sentimiento humano que es más a dejarse morir, sentirse derrotado, abandonado, y esto no ayuda para nada en la crisis. Claro está, todos los que hemos experimentado algún tipo de pérdida sabemos que se vivirá un luto y eso es normal. Lo que no debemos permitir es quedarnos estancados en esa etapa.

La actividad y la ocupación nos ayudarán a sentirnos útiles e importantes de nuevo. Si lo analizamos, Dios nos dice siempre en sus promesas que nos esforcemos y seamos valientes. También nos dice que en el mundo tendremos aflicción, pero que estemos confiados porque Él ha vencido al mundo. Además, nos afirma que no viviremos prueba más pesada de la que no podamos soportar. Por lo tanto, al leer el Manual de Instrucciones encontramos que Dios no nos abandonará.

¡Ponte en acción y sigue adelante!

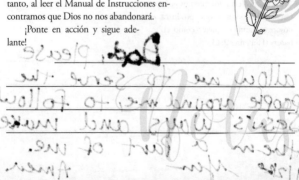

Testimonio que honra

El ojo misericordioso será bendito, porque dio de su pan al indigente.

Proverbios 22:9, RV-60

En los años que Dios me ha permitido estar en el ministerio radial, he podido ser testigo de los muchos milagros que se han hecho realidad en personas que han sido obedientes a un llamado, dejando a veces sus propios sueños para realizar los de otros.

Hoy, en este libro, quiero aprovechar para honrar a todos los ministerios, organizaciones y personas que han hecho algo por el más necesitado. Por mencionar algunos, quiero hablarte del pastor Mario Marrero que, siendo de la isla del encanto, Puerto Rico, Dios depositó un corazón amoroso por los niños abandonados en Medellín, Colombia, con el «Ministerio más que Vencedores». También está el caso de Mariví Brito, toda una profesional como productora por años del programa «Al Rojo Vivo», de la cadena Telemundo. En la actualidad, ya no está en la televisión, sino que forma parte del precioso ministerio *Mision Child*, donde con la colaboración de muchas personas le dan estudio y alimentos a cientos de niños en Colombia. Y así podría mencionar muchos otros que hacen una labor hermosa por los necesitados.

Mi clamor es que Dios siga levantando personas con esta misma visión y que logremos apoyarlos. Y tú... ¿qué estás haciendo con tu vida?

Pide sabiduría en vez de paciencia

Dichoso el que halla sabiduría, el que adquiere inteligencia. Porque ella es de más provecho que la plata y rinde más ganancias que el oro.

Proverbios 3:13-14

¡*Ay, dame paciencia, Señor!* Esta frase la utilizamos todos en momentos cuando no podemos más. Y tiene sentido decirla, pero lleva implícita una petición que quizá desconozcas y te sorprendas cuando te la explique.

La paciencia solo se desarrolla con dificultades y pruebas. Si le dices a Dios: «Señor, dame paciencia», lo que le pides es que te mande una prueba de manera que aprendas a desarrollar la paciencia. ¿Y a quién le gustan las pruebas y las dificultades? ¡A nadie!

Esto lo aprendí con un pastor, y me dije que nunca más le pediría algo así a Dios. Más bien le pido que me dé la sabiduría que me ayude a pasar la situación que esté viviendo.

Así que es más valioso ser sabio que paciente.

Aprende a esperar en el tiempo de Dios. Él nunca falla y siempre llega a tiempo.

Semana de pacto con Dios:
Camino de santidad

Dignos de confianza son, SEÑOR, tus estatutos;
¡la santidad es para siempre el adorno de tu casa!

Salmo 93:5

Uno de los cantantes cristianos más reconocidos es Jesús Adrián Romero. Tiene canciones muy especiales, pero hay una es particular que nos invita a cuidar nuestra boca, los ojos, las manos y guardarlos como una ofrenda a Dios en un acto de santidad.

Con esto no me refiero a que no puedas hacer nada porque todo sea pecado, sino a que nos guardemos para no caer más fácil de lo que caemos en la tentación. Además, que le pidamos al Señor que nos ayude a hacer compromisos que lograremos cumplir con la ayuda y el favor de Dios.

Sabemos que cada uno de nosotros tiene diferentes debilidades que muchas veces nos han metido en aprietos y que han sido grandes luchas. Cuando estamos alejados de Dios, o no le conocemos, la vida en santidad no nos preocupa y ni siquiera pensamos en las consecuencias. Sin embargo, tú debes saber que cuando tomaste la decisión de recibir a Jesús en tu corazón, las cosas que haces sí tienen consecuencias y no quedan solo atrás y ya.

Por eso, Dios dejó establecido mandamientos, a fin de que los cumplamos. De no ser así, recuerda que tendremos una responsabilidad por nuestros actos.

Con esta reflexión pretendo invitarte a que te guardes y aprendas a identificar esas piedras que te están haciendo tropezar. Esta semana haremos decisiones trascendentales para la vida y sabrás que serán de mucha bendición.

Semana de pacto con Dios:

Nuestros ojos

Pero fiel es el Señor, que os afirmará y guardará del mal.

2 Tesalonicenses 3:3, RV-60

El símbolo de cuidar nuestros ojos no solo es el cuidado desde el punto de vista de la salud que tú y yo le podamos dar a los ojos. Es cuidarlos en el aspecto espiritual. Es cuidarnos de lo que estamos mirando y qué imágenes permitimos que lleguen a nuestro cerebro.

¿No es cierto que cuando vemos una imagen violenta se queda por varios días en nuestra mente? Es más, yo diría que se queda registrada allí para siempre. También eso sucede con las personas que están atadas a la pornografía. Ya sus ojos están contaminados y es como un vicio, pues cada vez quieren ver más. Entonces, se dan cuenta de que están muy enviciados, y esto no solo les hace daño a ellos, sino que también traicionan a su familia y desagradan a Dios.

¿Cuál es tu caso? Si tienes temor de Dios, necesitas hacer hoy un pacto de cuidar tus ojos de lo que ven, y entender si lo que has venido haciendo no está bien.

Por lo tanto, dile a Dios hoy: «Señor, me comprometo contigo a no volver a la pornografía. Renuncio por completo a cualquier acto deshonesto que esté haciendo con mis ojos, y te ofrezco esa ofrenda por amor a ti».

Semana de pacto con Dios:

Nuestra boca

De la abundancia del corazón habla la boca.

Mateo 12:34

La boca, aparte de que sirve de entrada a la cavidad bucal, tiene varias funciones. Dios la creó para ingerir los alimentos, salivar, tener sentido del gusto, pero quizá hablar sea lo más importante.

Dios la diseñó perfecta y muchos la usamos mal. Entonces, ¿has pensado en las cosas indebidas que se puede hacer con ella? Aunque se puede usar para fumar, drogarse, hablar mal y chismear, también se puede usar, en muchos casos, para bendecir y hablar cosas que agradan a Dios y a la familia.

¡Qué mal ejemplo les damos a nuestros hijos y compañeros de trabajo cuando somos malhablados! ¡Eso es terrible! Cuando conocemos una persona, nos puede dar una clara impresión al abrir su boca y expresarse.

Por eso hoy la idea es que podamos cortar todo lo malo que sale de nuestra boca. ¿Eres de bendición o una persona grosera al expresarte?

La oportunidad para ti este día es que puedas reconocer y comprometerte con Dios en que dejarás atrás las groserías y las malas palabras, y que guardarás tu boca para honrarlo a Él.

Quiero que recuerdes algo de lo que dice la Biblia respecto a la boca y es que «de una misma boca salen bendición y maldición» (Santiago 2:3).

Señor, hoy me comprometo a guardar mi boca y honrarte con mis palabras.

Semana de pacto con Dios:

El corazón

Sobre toda cosa guardada, guarda tu corazón;
porque de él mana la vida.

Proverbios 4:23, RV-60

El corazón es el órgano más importante del cuerpo. Diría que es el motor para que tú y yo estemos vivos. Bombea sangre todo el día y trabaja de manera incansable. Aunque tiene sus funciones bien establecidas, a veces falla.

Antes decía, al igual que muchos: «Hagamos lo que diga el corazón». Esto era como dejarse llevar por lo que dictara el corazón y vivir según lo que nos ofreciera el mundo. Entonces, cuando empecé a conocer más de cerca al Señor y a leer su Palabra, descubrí que era todo lo contrario: No debo tomar decisiones porque lo dicte mi corazón, y que no hay nada más engañoso que nuestro propio corazón. Dios quiere que busquemos sabiduría, pero no en sí del corazón, donde se mueven todas las emociones.

En varias ocasiones, el Manual de Instrucciones habla de no dejarse corromper, de no contaminarse, porque del corazón salen los malos pensamientos, los adulterios, las fornicaciones, los homicidios, solo por mencionar algunas cosas.

Por eso hoy es otra oportunidad para decirle a Dios que queremos guardar nuestro corazón y deseamos hacer su voluntad.

_____

_____

_____

_____

Semana de pacto con Dios:

La lengua

*La lengua es un miembro muy pequeño del cuerpo,
pero hace alarde de grandes hazañas. ¡Imagínense qué gran
bosque se incendia con tan pequeña chispa!*

Santiago 3:5

Dicen los que saben que la lengua es uno de los órganos más pequeños del cuerpo. Con la lengua también se hace referencia al sistema de comunicación o idioma de una comunidad. Este órgano posee las glándulas gustativas que nos ayudan a disfrutar los alimentos. Sin embargo, la lengua también se menciona en la Biblia como una advertencia que nos ha dejado Dios para que la usemos bien, ya que puede causar mucho daño, como es en el caso de la murmuración. Dios califica la murmuración o chisme como pecado.

Con la lengua se puede destruir a una persona. ¡Menos mal que solo nos dio una sola lengua! ¿Te imaginas si tuviéramos más?

Hoy, al igual que toda esta semana, estamos viendo cómo cada uno de estos miembros de nuestro cuerpo se creó con un propósito divino, pero que a veces los hombres les hemos dado un mal uso.

Del mismo modo que en los demás devocionales, aclaro que no todos usan mal la lengua. Hay otras personas que bendicen con sus palabras, y no se prestan para hablar ni hacerles daño a los demás.

Señor, hoy me comprometo a guardar mi lengua y a honrarte con ella.

Semana de pacto con Dios:

Mis oídos

> *La fe viene como resultado de oír el mensaje,*
> *y el mensaje que se oye es la palabra de Cristo.*
>
> Romanos 10:17

El oído es el órgano de la audición que nos permite percibir los sonidos. Mientras analizamos en esta semana todos nuestros órganos, vemos que nuestros sentidos se crearon a la perfección. En lo personal, le he dado gracias a Dios por cada uno de mis sentidos y, en especial, porque todos me funcionan. Esa es una bendición.

Sin embargo, no nos quedamos solo en las definiciones, sino que hemos hecho un paralelo con la parte espiritual. Así que, ahora, debemos pedirle a Dios que también nos guarde por completo los oídos.

¿Qué estamos escuchando? ¿Qué permitimos que llegue a nuestra mente? ¿Qué tipo de música elegimos? ¿La música que nos deprime o nos pone melancólicos? ¿O escuchamos música que nos edifica y reconforta nuestro espíritu? ¿Prestamos nuestros oídos para el chisme o prestamos los oídos para escuchar cosas que desagradan a Dios?

Hoy te recuerdo que el Señor también hace referencia a lo que escuchemos. Por ejemplo, Él dice que la fe viene por el oír la Palabra de Dios.

En cuanto a esto, quiero enfatizarles algo a las mujeres, sobre todo las que están solas: no les presten sus oídos a hombres que solo quieren endulzar con palabras y que, si no estás bien fuerte en Dios, te pueden hacer flaquear. A las mujeres se les conquista por el oído.

Señor, hoy me comprometo a guardar mis oídos y honrarte a ti.

_____

_____

_____

Semana de pacto con Dios:

Las manos

Te bendeciré mientras viva, y alzando mis manos te invocaré.

Salmo 63:4

Sin duda, Dios creó las manos a la perfección. Sus funciones son específicas como tomar y sostener objetos. Junto con los dedos, son utensilios para comer. Con las manos también se expresan saludos, aunque no todos los hacemos como es debido. A veces hacemos señales que no son las más decentes. ¡Huy! *Ja, ja, ja.*

Para las personas que no pueden hablar, las manos son un tremendo instrumento para hacerlo mediante señales. Sirve como instrumento de medida y herramienta de trabajo. Piensa por un momento todo lo que hacemos con nuestras manos para trabajar, jugar y hacer deportes. En fin, podríamos seguir trayendo a nuestra mente infinidad de cosas.

Sin embargo, las manos mal usadas entristecen a Dios. Con ellas muchas personas roban y toman un arma para herir o matar a otros. Con las manos se maltratan a miles y miles de niños, hombres y mujeres.

Sé que muchas personas que hoy leen este libro tienen sus manitos enfermas o les falta partes de las manos de nacimiento o por accidentes. Aun así, no se quejan y hacen lo que pueden para salir adelante.

Señor, hoy me comprometo a guardar mis manos y honrarte a ti.

_____

_____

_____

Oración por los compromisos hechos a Dios

Guárdame como a la niña de tus ojos; escóndeme bajo la sombra de tus alas.

Salmo 17:8

Dios mío:

Esta semana ha sido una semana de pacto contigo. A través de estas pequeñas enseñanzas he comprendido que no solo debo guardar mi vida, sino también debo guardar todo mi ser.

Gracias, Señor, porque quiero hacer el compromiso de guardarme por completo a ti. Ayúdame a estar limpio en lo que escucho, en lo que veo, en lo que toco, en lo que hablo.

Conviérteme en una persona de carácter y dame tanto el querer como el hacer. No te quiero fallar jamás.

Padre, entrego este día en tus manos y te declaro el Rey de mi vida y el Rey de mi corazón.

Amén y amén.

Notas

De día en día

Soy yo mismo el que los consuela. ¿Quién eres tú, que temes a los hombres, a simples mortales, que no son más que hierba?

Isaías 51:12

A veces nos pasa que hemos tenido un fin de semana bien activo con Dios. Hemos tratado de estar en comunicación con Él y hacer su voluntad. Entonces, ¡sorpresa! Llega un nuevo día, una nueva semana, y con ellos las luchas y los problemas. Así que dices: «Dios mío, ¿hasta cuándo? Ayúdame, que no puedo más».

Para esos momentos es que viene este recordatorio de vivir de día en día. No te llenes la cabeza pensando en lo que fue y ya no es... vive el presente, tu presente, y procura vivir el hoy. De ese modo, cuando llegue la preocupación, tendrás cabeza para pensar y evitarás tomar una decisión equivocada.

Recuerda que aunque la situación que atraviesas hoy sea más difícil que tus fuerzas, Dios está allí presente en tus noches de angustia. Te da la compañía cuando te sientes solo. Incluso, a veces permite esta breve preocupación para que le busques de manera exclusiva a Él. No quiere que tu enfoque sea carnal, sino espiritual.

Hoy es una excelente oportunidad para rendirle tu problema al número uno en la solución de las crisis. Su nombre es «Jesús».

¿Qué pasa con el amor?

El amor debe ser sincero. Aborrezcan el mal; aférrense al bien.

Romanos 12:9

A veces hay que preguntarse qué pasa con el amor y si es una farsa. Es posible que digas: «Bueno, ¿y qué le pasó a Claudia? ¿Por qué habla así del amor?».

Mientras escribía este libro, me entero que una persona que decidió dar un cambio en su vida aceptando a Jesús y dándose ella misma una oportunidad, se casó por tercera vez y a los cuatro meses su pareja le pegó. ¿Te parece conocida esta historia? Claro que debe parecerte conocida. Es el pan nuestro de cada día. Lo digo con mucha tristeza, pues las parejas se casan muy enamoradas y, en cuanto se acaba la luna de miel, hay abusos.

La pregunta que me viene a la mente es esta: ¿Tenemos a Dios en cuenta en nuestras decisiones, sobre todo en preguntarle si es la persona idónea? En este caso, me refiero a la destacada periodista Mirka Dellanos, quien ha sufrido muchas desilusiones en el amor. Hace un tiempo, decidió hacer un giro en su vida y tener un encuentro personal con Jesús. Así que empezó a asistir a una iglesia y comenzó a testificar sobre hacer la voluntad de Dios. Poco después, se casa de manera sorpresiva, y al mes y medio el hombre estuvo en la cárcel por abuso doméstico y con restricción para no acerársele.

¿Dime si no parece una historia de novela? Sin embargo, no es así. Eso es lo que está pasando en los hogares cristianos. El enemigo no quiere parejas felices. Quiere robar el matrimonio, matar el amor, y destruir la felicidad y la esperanza.

¿Con quién te vas a casar? Por favor, CONSÚLTALO con el Señor.

Conoce a tu pareja

Los leoncillos se debilitan y tienen hambre,
pero a los que buscan al Señor nada les falta.

Salmo 34:10

El Señor me está inquietando en gran medida con esto del matrimonio. Aunque esté casada, sé que muchas personas están pasando crisis matrimoniales muy fuertes.

He visto que no solo las parejas se casan en la adolescencia sin saber lo que quieren para el futuro, sino que muchos otros se casan por cubrir un error llamado «embarazo». Así que no hay tiempo de conocer a fondo a las parejas que, en vez de ser parejas, son «disparejas». No hay tiempo para conocer comportamientos durante el noviazgo, y si ven reacciones violentas, no las tienen en cuenta en el momento de tomar la decisión de casarse.

Cuando te casas pensando que todo va a hacer color de rosa, no es verdad. También la convivencia tiene sus ajustes, y a esto súmale personas que después de casadas muestran reacciones violentas, celos enfermizos y cambios bruscos de humor. ¡Es muy preocupante!

Hoy te invito a que, si estás soltero, disfrutes de tu soltería. No entres en el afán absurdo de casarte por casarte y no esperar la persona adecuada en el tiempo de Dios. No obstante, si estás en la época de noviazgo y consideras la posibilidad de casarte, ora para que sea Dios el que te dé luz verde. En el caso de que seas casado, como yo, necesitamos consagrarnos a Dios guardando el matrimonio en oración constante, de modo que cada obstáculo que se levante lo superemos con su favor.

No le entreguemos al enemigo nuestros hogares, sino defendámoslo, para que Dios sea el centro de la relación y nuestro Consejero.

Todo falla... ¡Dios no!

*Dios es fiel, y [...] él les dará también
una salida a fin de que puedan resistir.*

1 Corintios 10:13

Cada cierto tiempo, es común escuchar que hubo una falsa alarma en algún lugar. Esto indica que de seguro algo no andaba bien. Cuando la alarma se dispara en nuestro negocio o en nuestra casa, nos ponemos superalertas. Ahora bien, ¿te imaginas cuando fallan las alarmas de un aeropuerto causando confusión y dejando a más de doce aviones en tierra por horas hasta recibir una orden oficial para seguir indicaciones? Eso fue lo que pasó en un aeropuerto de Estados Unidos. Gracias a Dios solo fue una falsa alarma.

Te puedo decir que a menudo Dios es una alarma en nuestra vida. Una alarma que no falla, ni se equivoca. Cuando nos da una señal de alerta, es porque hay peligro cerca. Lo lamentable es que a veces no escuchamos, y cuando nos damos cuenta, es demasiado tarde y viene el golpe.

Recuerda que Dios no quiere que tú y yo tropecemos, sino que seamos felices. Sin embargo, debemos reconocer que en muchas ocasiones nos gusta hacer lo que nos parece y nos disgusta hacer lo que nos indica Dios.

Así que te recuerdo una vez más que todo falla, pero Dios no. Las alarmas de Dios para nuestra vida nos pueden evitar catástrofes que nos dolerán toda la vida.

Notas

Oración por evitar las malas decisiones

En tus manos encomiendo mi espíritu; líbrame,
Señor, Dios de la verdad.

Salmo 31:5

Padre nuestro que estás en el cielo, ¡santificado sea tu nombre!
Señor, hoy venimos delante de ti porque reconocemos que muchas veces somos culpables de nuestro propio destino. Tomamos decisiones equivocadas y ahora quizá estemos pagando las consecuencias.

Dios mío, sé que muchas veces me has puesto alarmas para que no haga cosas que sabes que me causarán dolor y yo no te he tenido en cuenta.

Te pido perdón y te suplico que me des la oportunidad de que evite tomar malas decisiones. Hoy te prometo que te tendré presente en todo lo que haga para que me vaya bien. Gracias, mi Dios.

Entregamos el resto de este día en tus manos. Guárdanos de todo mal y peligro.

Te lo pedimos en el nombre de Jesús.

Amén y amén.

En familia

Busquen al Señor mientras se deje encontrar,
llámenlo mientras esté cercano.

Isaías 55:6

Es importante entender el valor que Dios le da a la familia. ¿Has pensado en cuántos sábados o fines de semana no has estado en casa? ¿Desde cuándo no complaces a tu familia con ir a algún parque o un restaurante? Debes saber que tu primera obligación es, y será siempre, tu familia. Dios instituyó la familia para que estuviéramos acompañados y para que pasáramos tiempos juntos.

Quizá sea la mañana de este sábado y te das cuenta que te identificas con mis palabras. A lo mejor ya tienes planeado el día con tus amigos y no has tenido en cuenta a tus hijos ni a tu pareja. Estás a tiempo de cambiar los planes y aprovechar la familia que te entregó Dios.

En caso de que al mirar a tu alrededor estés solo porque no tengas familia, tal vez digas: «Pero bueno, ¿y yo qué hago?». Quiero que sepas que Dios está contigo. Él es tu Padre, tu Amigo, tu Consejero.

Aprovecha esta oportunidad de tener un momento a solas con Dios. Reflexiona en las bendiciones que te ha dado Él y, entonces, dedica este día para ti. ¿Qué tal si vas a la playa, visitas a un amigo, sales a caminar o haces lo que más te gusta?

Dale gracias a Dios por tu familia dondequiera que esté.

Una relación con Él

*Acerquémonos confiadamente al trono de la gracia
para recibir misericordia y hallar la gracia que nos ayude
en el momento que más la necesitemos.*

Hebreos 4:16

Muchas veces hemos escuchado hablar acerca de relacionarnos con Dios. Por eso, en varias ocasiones me surgió esta pregunta: «¿Cómo me puedo relacionar con Dios?». Así que aprendí varias cositas que te quiero confiar. No soy pastora ni poseo ningún título religioso, pero tengo años de experiencias maravillosas con Dios.

La relación con Dios es algo entre Él y la persona. Nadie más cabe ahí: Dios y tú. Es personal, es privado, es íntimo. En una relación nos conocemos porque pasamos tiempos juntos. De ahí que, para que una relación crezca y se afiance, le haga falta tiempo de calidad.

Como necesitamos tiempo para hablar con Dios, saca de tu mente que es absurdo hablar con alguien que no ves, pues aunque no lo veas, está ahí escuchándote. Cuando te relacionas con Dios, comprendes sus maravillas y comprendes cuántos sacrificios hizo por ti. Eso te dará un amor tan profundo que sentirás respeto y temor para hacer su voluntad. Además, terminarás rindiendo tu vida en sus caminos.

La relación con Dios te da seguridad. Te da también la garantía de ser feliz y esperar de manera confiada sus bendiciones.

Aférrate a Él, no es una religión, sino una relación personal. ¡No te arrepentirás!

Oración por la protección de Dios

Bueno es el SEÑOR; es refugio en el día de la angustia,
y protector de los que en él confían.

Nahúm 1:7

Dios mío:

Esta vida es cada vez más difícil. Solo podemos sentir seguridad a tu lado. Solo los que hemos experimentado tu favor podemos dar fe de esa protección que nos das, por muy complicadas que estén las cosas.

Señor, fortaleza mía, castillo mío.

Guárdame en tus manos y muéstrame el camino que debo seguir.

Dame sabiduría y guíame para llevar a mi familia por el buen camino.

No permitas, mi Dios, que tome malas decisiones, y protégeme de todo mal y peligro.

En el nombre de Jesús, amén y amén.

_____

_____

_____

_____

No dependas del hombre

Es mejor refugiarse en el Señor que confiar en el hombre.

Salmo 118:8

¿Te has dado cuenta de las muchas veces que en tu vida te has puesto en la posición de «depender» de alguien? Quizá en tu trabajo dependas de otra persona. Es obvio que no me refiero a que no respetes a los que están en autoridad. Claro que hay que respetarlos. De lo que hablo es respecto a que tu vida gire en torno a esa persona, que des por sentado que nunca te va a fallar y que confíes más en ella que en Dios, por ejemplo. ¿Sabes qué pasa con eso? Lo que pasa es que cuando te falla esa persona que es tan humana como tú, la desilusión es grande y tu dependencia se va al piso.

Para que no sufras es mejor que no dependas de nadie. Así que aprende a depender de manera exclusiva de Dios. Quizá te preguntes: «¿Y cómo lo logro?».

Primero, pídele perdón a Dios en oración por no haberlo puesto a Él ante todo en tu vida. Segundo, pídele que te ayude, a fin de que puedas ponerlo en práctica. Tercero, solo dale la oportunidad a Dios para que te sorprenda. Él, que es amor, te demostrará con muchos detalles que se preocupa por tu bienestar. Por último, lee la Palabra. Allí encontrarás muchas promesas que, cuando las analices, serás capaz de ver que Él sí ha estado dispuesto a bendecirte.

Oración por dependencia de Dios

¡Este Dios es nuestro Dios eterno! ¡Él nos guiará para siempre!

Salmo 48:14

Mi Jesús:

En este día quiero reconocer que he estado dependiendo de las personas sin tenerte en cuenta a ti.

Por error he puesto mi dependencia en otros y no te he dado tu lugar.

Quiero aprender a depender de ti únicamente, sabiendo que me amas, que eres fiel y que nunca cambias.

Gracias por las promesas que dejaste en la Biblia para mí. Ayúdame a creerlas y a tomarlas para mí.

Señor, me comprometo a depender de ti y a honrarte por el resto de mis días.

Amén y amén.

La mentira

Aparta de mí el camino de la mentira, y en tu
misericordia concédeme tu ley.

Salmo 119:29, RV-60

El tema de la mentira tiene mucha tela por donde cortar.

Todos hemos mentido y seguiremos mintiendo. El que niegue esto ya está mintiendo.

La *mentira* puede tomar tanta fuerza en una persona que se considera una enfermedad. Se le llama «mitomanía», que es la forma incontrolada de mentir, donde el mitómano hace de la mentira su *modus vivendi*. Las personas mienten sin medir los alcances de la mentira. En realidad, es terrible.

El Manual de Instrucciones reprende con fuerza la mentira y dice que Dios la aborrece. Eso lo encontramos en Proverbios 12:22: «El Señor aborrece a los de labios mentirosos, pero se complace en los que actúan con lealtad». También la Biblia dice que el padre de mentiras es Satanás, y tú debes saber que es precisamente el diablo el que nos induce a mentir.

Tú y yo, como hijos de Dios, debemos evitar la mentira. Además, recuerda que para Dios todas las mentiras son iguales, incluso las que llamamos «blancas», porque mentir es un pecado ante sus ojos. ¡Vaya! ¡Qué tremendo! Esto es algo a lo que estamos expuestos todos los días de la vida. Por ejemplo, nos llama alguien y mandamos a decir que no estamos en casa.

Seamos conscientes hoy, y siempre, de que mentir nos aleja de la comunión con Dios. Recordemos también que si somos mentirosos, eso es lo que sembramos y, por supuesto, lo cosecharemos también.

La intriga

Ahora que se han purificado obedeciendo a la verdad y tienen un amor sincero por sus hermanos, ámense de todo corazón los unos a los otros.

1 Pedro 1:22

La *intriga* es una acción que se ejecuta con astucia y de manera oculta para conseguir un fin. A veces es una necesidad de conocer algo que está velado para nosotros. Por eso, se puede usar de manera positiva cuando sentimos que algo es bueno y nos interesa investigar o ir más allá de lo que sabemos.

La intriga también se puede usar mal cuando tenemos en nuestro corazón ese deseo erróneo de causar duda, incertidumbre, sembrar cizaña o dejar pensando a los demás en algo determinado.

Tú y yo podemos levantar intrigas contra alguien y sencillamente destruir su imagen o testimonio. ¡Tengamos mucho cuidado de cómo expresamos lo que pensamos! Recuerda que no todo lo que pienses de alguien es real. Nosotros podemos tener un concepto muy equivocado de alguien, y si no nos damos la oportunidad de conocerle mejor, podremos juzgar e inclusive levantar falsos testimonios y mentir.

Ya aprendimos lo dañina que es la mentira y lo que Dios piensa al respecto. Cada vez que pensemos algo malo de una persona, no la juzguemos, y siempre démonos la oportunidad de conocerle.

Es normal que todo el mundo no te caiga bien, como tú tampoco le caerás bien al resto de la gente. A pesar de eso, debemos distinguirnos como hijos de Dios, y sentir misericordia y amor por el prójimo.

El odio

Si vosotros no perdonáis, tampoco vuestro Padre que está en los cielos os perdonará vuestras ofensas.

Marcos 11:26, RV-60

El *odio* es un sentimiento muy negativo. Se manifiesta en una profunda antipatía, disgusto, aversión, enemistad o repulsión hacia una persona, cosa, situación o fenómeno, por lo que se desea evitar, limitar o destruir lo que se odia.

El odio proviene justo de la misma fuente que el amor y forma parte de la humanidad. El odio es destructivo y autodestructivo. Es como un veneno que se riega, contamina y crea raíces de amargura. Además, te aleja por completo de Dios, ya que Él es amor.

No es bueno si tienes este tipo de sentimientos, porque a la larga terminarás mal. Recuerda también que por odio muchas personas han cometido las peores locuras y han hecho terribles decisiones entre intentos de asesinatos y venganzas. Lo que es más triste, hay personas que su propio odio las alcanza y se eliminan a sí mismas.

Si hoy te has identificado con el odio, es tiempo de decirle a Dios lo siguiente: «No quiero odiar más y deseo sanar mi corazón. Así que te ruego que me limpies y me purifiques. Permite que hoy mismo pueda liberarme, perdonar y sacar todo lo que me hace daño».

El rencor

*Sean bondadosos y compasivos unos con otros, y perdónense
mutuamente, así como Dios los perdonó a ustedes en Cristo.*

Efesios 4:32

El *rencor* es ese resentimiento que echa raíces en nuestro ser y que se manifiesta de manera tenaz contra alguien por alguna razón.

No pretendo decirte que no sea normal que sientas rencor cuando te han herido, te han maltratado y te han rechazado. En estos casos, es muy común que se despierte este sentimiento hacia la vida y hacia los demás.

Mi llamado es a que salgas de allí. Es decirte que ser una persona rencorosa no te lleva a ninguna parte, pues nunca te vas a sentir libre para ser feliz.

Además, el rencor no te permite crecer como persona, pues siempre vas a sentir que algo no te deja avanzar.

Piensa que no hay nadie perfecto y que tú también podrías fallar en algún momento. Entonces, ¿cómo te sentirías si esa persona no te perdonara y te las cobrara por el resto de la vida?

Ah, y si vas a olvidar, es olvidar. Nada de decir «perdono, pero no olvido».

Vivamos el mejor ejemplo de todos, el de Jesús, quien perdona nuestras faltas y nunca más vuelve a acordarse de ellas.

¡Anímate! Hazlo por tu bienestar espiritual.

Oración por vencer sentimientos destructivos

Refrena tu enojo, abandona la ira; no te irrites, pues esto conduce al mal.

Salmo 37:8

Jesús:

Este día me presento delante de ti reconociendo que necesito que me cambies, Señor. He visto cómo estos sentimientos que he venido experimentando me han estado robando la calma, la paz y me han alejado de ti.

Señor, hoy te entrego la mentira, la intriga, el odio, el rencor y cualquier otro comportamiento que te estén desagradando. Sé que llevar esto conmigo me está destruyendo y no puedo más.

Por eso, mi Dios, te necesito. Sin ti es imposible cambiar. Solo tú puedes poner en mí eses deseo de cambiar. Ayúdame, Señor, a ser firme y comenzar una nueva vida sin mentiras, sin odios y sin rencores.

Te amo, Dios mío, y te necesito. Gracias por escucharme y por darme la oportunidad de cambiar.

Amén y amén.

Nuevas oportunidades

Susténtame conforme a tu palabra, y viviré;
y no quede yo avergonzado de mi esperanza.

Salmo 119:116, RV-60

En el transcurso de este libro hemos comprobado por los testimonios y los pasajes bíblicos que nuestro Padre es un Dios de oportunidades. A veces la gente nos frustra nuestros sueños. Incluso, los padres por error les cortamos las alas a nuestros hijos. Muchos líderes también les cortan los anhelos a sus discípulos y, en otros casos, hasta los cónyuges arruinan la vida de sus parejas. Sin embargo, la buena noticia es que no todo está perdido. Por el contrario, Dios nos está llamando para brindarnos más oportunidades con nuevos retos. Claro está, todo dependerá de nosotros si estamos alertas a los cambios que Él quiere en la vida de sus hijos.

Aunque pensemos que es imposible salir adelante, debemos tener presente que Dios está siempre dispuesto a darnos la salida. Nunca nos dejará solos y nos pondrá nuevos anhelos en el corazón. El secreto es confiar en Él.

Pídele a Dios que resucite esos sueños que ya habías enterrado y empieza a visualizarte alcanzado esos logros. Ubícate en el futuro, mírate renovado y trabaja hacia ese blanco con la seguridad que alcanzarás tu meta. No importa la edad que tengas. Aunque para otros sea absurdo, recuerda que Dios es el que tiene la última palabra. Por lo tanto, Él es quien decide cuándo, cómo y dónde cumple ese anhelo de tu corazón.

Deja de llorar

¡Levántate y resplandece, que tu luz ha llegado! ¡La gloria del Señor brilla sobre ti!

Isaías 60:1

No podemos llorar toda la vida por una pérdida. Ya escuchaste que debemos vivir el luto y que el dolor es normal cuando hemos tenido una adversidad. Aun así, ten presente que ese dolor puede desaparecer con la ayuda de Dios.

Hoy les hablo a los que después de cierto tiempo aún siguen llorando esa pérdida, pues es tiempo de que digan: «¡Me levantaré y resplandeceré!».

Al igual que la Palabra nos recuerda que hay tiempo de sembrar y tiempo de recoger lo sembrado, también nos dice en Eclesiastés que hay «un tiempo para llorar, y un tiempo para reír» (3:3).

No se trata de que olvides que murió tu hijo, que te abandonó tu cónyuge, ni que le fallaste a Dios. Nunca se nos olvida, pero Dios, en su infinito amor, nos restaura de tal manera que nos quita el dolor y nos sana cada herida.

Por eso no te puedes quedar llorando. Tus lágrimas no cambiarán lo sucedido. Y el hecho de que dejaras de llorar por tu fracaso no significa que ya no te importe. Todo lo contrario, se debe aprender del dolor.

No obstante, si sigues llorando, no te recuperarás. ¡Dale la oportunidad a Dios para recuperarte!

Fortalécete en Dios

Convertiré su duelo en gozo, y los consolaré;
transformaré su dolor en alegría.

Jeremías 31:13

Siempre que estamos pasando por una crisis, la verdad es que casi nunca sabemos cómo vamos a salir de esa situación, ni cómo vamos a quedar. Me imagino que muchos de ustedes han pasado pruebas de toda clase y tan fuertes que creyeron que era el final.

Cuando sufrimos un divorcio, una enfermedad, una pérdida, una dificultad financiera o una desilusión amorosa, salimos extenuados, ya que la situación que vivíamos nos drenó de manera física, moral y espiritual. Quedamos cansados y con ganas de unas verdaderas vacaciones. Sin duda, la prueba te devuelve golpeado, pero no derrotado.

¿Por qué es importante saber que nos podemos sentir de esta manera después de pasar situaciones tan duras? Porque somos conscientes de nuestra humanidad, y que aunque luchemos con nuestras fuerzas, la verdadera sanidad solo la obtendremos en Dios. Al igual que el cuerpo necesita fortalecerse para una total recuperación después de una enfermedad, también nosotros debemos fortalecernos en el Señor para tener la verdadera recuperación. La fortaleza en Dios la encontramos en el gozo, en la fe, en la esperanza y en la búsqueda incansable de su Palabra y su presencia.

No dejes de orar, no dejes de leer el Manual de Instrucciones y no dejes de congregarte.

Mi Capitán

Pero fiel es el Señor, que os afirmará y guardará del mal.

2 Tesalonicenses 3:3

Quizá te parezca extraño que todo lo que lo que lo que diga en este libro lo lleve siempre a mi experiencia con Dios. Si te incomoda, perdóname, pero no pudiera dejar nunca más de testificar lo es que es vivir y rendir mi vida por entero a Dios.

En lo personal, he vivido las dos cosas: He estado con el Capitán a bordo y también he vivido sin Capitán. Incluso, me he ido a la deriva. Les confieso que el viaje ha sido largo y fuerte.

Cuando andas a la deriva, no sabes para dónde vas, ni los peligros a los que estás expuesto. Estar sin control es arriesgarse a chocar, a perderse o, lo que es peor, a naufragar. Los golpes en mi vida han sido muchos, y he regresado lastimada y herida. A decir verdad, no vale la pena.

No hay nada más hermoso que entregar ese barco al Capitán que es Dios y descansar sabiendo que Él tiene todo el control, los recursos y los planes perfectos para nosotros.

Por eso te sugiero que le rindas tu vida a Dios. Esto incluye el trabajo, el hogar y los hijos, a fin de que Él sea quien guíe tu vida y salgas victorioso en todo lo que emprendas.

Con sentimentalismos no hay milagros

Hijo mío, si haces tuyas mis palabras [...] entonces comprenderás el temor del Señor y hallarás el conocimiento de Dios.

Proverbios 2:1, 6

¿Cómo movemos el corazón de Dios? Es posible que te estés preguntando: «¿De qué manera logro que Dios me dé lo que le pido? ¿Qué sacrificio debo hacer para que Él se conmueva? ¿Debo ayunar por conveniencia?».

Estas son algunas de las maneras más comunes con las que tratamos de mover el corazón de Dios a nuestro favor. Quiero aclarar que no todo el mundo es igual. Hay personas que lo del ayuno lo hacen como Dios manda y es muy poderoso. Sin embargo, es lamentable que se nos olvide que Dios es Dios. Él conoce nuestros intereses e intenciones y no nos va a dar nada por conveniencia. Entonces, ¿por qué tratamos de manipularlo?

Nosotras las mujeres somos muy sensibles y sentimentales, pero les tengo una noticia que quizá ya hayan escuchado: Nuestras lágrimas no mueven el corazón de Dios y nuestro llanto no va a hacer que las cosas cambien a nuestro favor.

Dios quiere personas de fe. Quiere personas comprometidas con Él que le busquen en espíritu y en verdad. Lo que en realidad mueve a Dios es nuestra obediencia.

La unción

*Pero tenemos este tesoro en vasos de barro, para que la
excelencia del poder sea de Dios, y no de nosotros.*

2 Corintios 4:7, RV-60

Cuando uno llega a los caminos de Dios, empieza a escuchar ciertas palabras que no conocemos y que a menudo repetimos sin tener idea.

¿Qué es la unción? No solo es importante conocer el significado de la palabra como tal, sino también el modo de manifestarse en nuestra vida.

La unción, según la describe la misma Biblia, es Dios haciendo cosas en la gente que solo Él puede hacer y que lo lleva a cabo por medio de nosotros, pero con su poder. A menudo vemos pastores y líderes que hacen cosas que solo son posibles con el poder de Dios, y ahí es cuando decimos: «Esa persona tiene unción». El significado en la Biblia de la unción es «derramar, esparcir sobre algo». Mediante la unción Dios consagra al ungido para una función en particular dentro de sus propósitos y lo capacita para el servicio. Por lo tanto, Dios es el que prepara a esas personas.

Mi consejo es que no cuestiones cuando veas personas haciendo cosas que te sorprenden porque es Dios en ellas. Ahora bien, no todo el mundo tiene el poder para hacerlo. Hay muchas iglesias en las que se manipula a la gente y no hay ninguna unción, sino un montaje. Sé que es duro, pero es la verdad. Muchas iglesias usan el nombre de Dios para hacer cosas que Él no aprueba o que no son su voluntad. Por ejemplo, una rosa, un manto o ciertos rituales que se apartan de la cobertura de nuestro Dios. Ten mucho cuidado con la iglesia que escoges, y con lo que sucede allí, dando por sentado que se hace en el nombre de Dios.

El cambio

*No se amolden ul mundo actual, sino sean
transformados mediante la renovación de su mente.*

Romanos 12:2

La unción no cambia, lo que en verdad nos cambia es cuando renovamos nuestro carácter en Cristo. Es posible que alguien tenga un tremendo poder y ore por ti.

Con todo, si no le entregas tu vida a Dios, no hay cambio, y si no hay cambio, no hay el verdadero carácter de Cristo.

Todos estamos en esa lucha, pues queremos dejar de fallarle a Dios y deseamos cambios radicales en nosotros. El cambio viene de adentro hacia fuera, ya que a Él le interesa transformarnos aunque a veces nos resulte doloroso.

Dios quiere que tengamos una nueva vida, pero antes debemos morir a lo que somos. Así que hay que morir para vivir. Puedo dar fe de que el cambio no viene todo en un abrir y cerrar de ojos. Sin duda, es un cambio hermoso el que Dios pone con su carácter, pues de repente lo que me gustaba hacer ya no me siento cómoda haciéndolo o por lo menos voy a pensarlo por las consecuencias.

El cambio es el mejor regalo que nos puede dar Dios. Nos da tantos beneficios que muchas veces me he dicho: «¿Por qué no te conocí antes, Señor? ¡De cuántas cosas me hubiera librado!». Si hubiera tenido antes a Dios, mis hijas no hubieran pasado por las muchas cosas a las que las expuse.

Entrega tu vida y cambia... es el mejor regalo para ti, después de la salvación.

_____

_____

_____

_____

Oración por cambios radicales

Crea en mí, oh Dios, un corazón limpio,
y renueva un espíritu recto dentro de mí.

Salmo 51:10, RV-60

Dios mío:

¡Cuántas veces te he prometido cambiar y cuántas veces te he fallado!

Estoy arrepentido por no tomar decisiones radicales en mi vida. Sé que soy débil, y aunque hago el esfuerzo por cambiar, termino haciendo lo que no quiero.

Reconozco que tú estás interesado en transformar mi vida, porque tienes grandes cosas para mí. Señor, ayúdame a cambiar y a entender tus propósitos en mi vida. Quiero ser un ejemplo para mi familia y dar testimonio de que eres un Padre bueno.

Ahora, entrego en este día todas las cosas de mi vida que te entristecen y dispongo mi alma y mi corazón para un cambio radical.

En el nombre de Jesús, oramos.

Amén y amén.

La obediencia a los padres

Padres, no exasperen a sus hijos, no sea que se desanimen.

Colosenses 3:21

Este día quiero honrar a los padres que hacen una buena labor enseñando, educando e interviniendo en la vida de sus hijos..

La relación con nuestros hijos no siempre es fácil. Pasan por diferentes etapas en sus vidas en las que es casi imposible penetrar.

Dios quiere que tú y yo vivamos el modelo que Él estableció como Padre.

La violencia y la agresión no nos llevarán a nada bueno con ellos.

Lo que siempre escuchamos es verdad: La violencia trae más violencia.

Necesitamos tener una magnifica relación con Dios y pedirle que nos ayude en esta difícil tarea de ser padres. Aunque ya lo he dicho en otros devocionales, en el Manual de Instrucciones encontramos la manera adecuada para educar a nuestros muchachos.

Sin embargo, recuerda que nuestro ejemplo de lo que ven y lo que aprenden será lo que guarden como un estilo de vida.

Empieza por respetarlos, diles cuánto los amas y lo especiales que son para ti.

No los compares con otro hijo ni con el hijo de algún amigo.

Siempre reafirmales su corazón.

Hijos abusivos

Hijo mío, escucha las correcciones de tu padre y no abandones las enseñanzas de tu madre. Adornarán tu cabeza como una diadema.

Proverbios 1:8-9

Hace unos días me contaron de un hecho que uno pensaría que es increíble.

Hijos que maltratan a sus padres e hijas que le pegan a su mamá. Un abuso que puede ser más común de lo que creemos. En este caso, madre e hija se congregan en la iglesia y aparentan tener una vida normal. Sin embargo, la gran realidad es que la hija, que es una mujer hecha y derecha, le pega a su mamá.

Lo más triste de esta situación es que la mamá le tiene miedo a su hija y nunca se ha atrevido a denunciarla ni a hablar del problema en la iglesia. ¿Cómo es posible que suceda algo así? Lo que estas personas están sembrando es destrucción, fracaso y un juicio de Dios sobre sus vidas.

Sé que a veces los papás somos exigentes, pero nada les da el derecho a los hijos de maltratarlos. Dios diseñó a los padres con suficiente carácter para disciplinar y con mucho amor. Es más, hagan lo que hagan los hijos, el corazón de padre no va a cambiar. Esto no quiere decir que tú los maltrates con palabras groseras, mucho menos que les pongas una mano encima.

Padres, si están viviendo una situación así con sus hijos, deben buscar ayuda de inmediato.

Día del perdón

> Yo soy el que por amor a mí mismo borra tus transgresiones y no se
> acuerda más de tus pecados.
>
> Isaías 43:25

Esta semana hemos aprendido acerca de cómo debemos honrar a nuestros padres. También hemos reflexionado que no podemos permitir que el abuso de hijos a padres se siga desarrollando como una terrible enfermedad.

Por eso hoy es una oportunidad de arrepentimiento. Es el momento de ponernos a cuentas con Dios y cortar esa terrible maldición para la vida.

Tú quieres ser próspero, deseas tener éxito y la bendición de una larga vida, así que debes respetar y honrar a tus padres.

Hoy Dios te está llamando a que busques a tus padres, les pidas perdón y les digas que estás arrepentido.

Comienza una nueva relación con ellos donde Dios pueda reinar y restaurar todas esas heridas.

_____

_____

_____

_____

La recuperación por una pérdida

El Señor [...] restaura a los abatidos y cubre con vendas sus heridas.

Isaías 51:3

Hace unos meses llegó la triste noticia de la pérdida de la bebita de la cantante Shanna en un embarazo ya avanzado. ¡Cómo entristecen esas noticias! Nadie lo puede experimentar más que la madre que lo sintió en su vientre y tuvo la esperanza de recibirle.

Me sorprendió mucho y admiré el valor con el que nuestra Shanna recibió esta prueba. Desde el hospital en el que se recuperaba, declaró: «Solo Dios sabe por qué evitó que naciera la bebita. Ya sabrá Él de qué la guardó. Yo seguiré adelante».

Les cuento esto porque se necesita estar muy lleno de nuestro Dios para recibir una noticia de tal envergadura con tanta madurez espiritual. Podemos ver una vez más que nuestro Padre cuida de nosotros y nos da su amor. Sé que muchas mujeres han pasado por esta misma situación y aún hay heridas abiertas que quiere sanar nuestro Señor.

Escuché a un predicador que enseñaba que para recuperarse debemos llorar lo perdido, fortalecernos en Dios y consultar con Él cuál es el paso a seguir.

Cuando entregamos esa carga tan pesada y ese dolor tan grande, de seguro que Dios va a actuar a nuestro favor.

Aunque en medio del dolor no vean una salida, recuerden que Él es su fortaleza y el único que les da la paz «que sobrepasa todo entendimiento», y que, además, «cuidará sus corazones y sus pensamientos en Cristo Jesús» (Filipenses 2:6).

Oración por la perdida de un hijo

El Señor está cerca de los quebrantados de corazón,
y salva a los de espíritu abatido.

Salmo 34:18

Señor Jesús:

Hoy vengo ante ti intercediendo por todas las madres que han perdido un hijo, ya sea durante el embarazo o en alguna otra circunstancia.

Sé que tú, como Padre, puedes comprender la inmensidad del dolor, pues también entregaste a tu Hijo Jesucristo a una muerte terrible en la cruz.

Señor, consuela, fortalece y levanta a cada hija tuya que esté a travesando este dolor. Sabemos que eres perfecto, y aunque no entendamos por qué permites estas pruebas en nuestras vidas, descansamos en ti.

Ayúdalas, mi Dios, y permite que los padres que sufren también puedan recibir consolación. Levanta y sana estos matrimonios, y permite que tú seas su esperanza.

Gracias, Señor, por las pruebas. A pesar de que no las entendemos, sabemos que tienen propósitos eternos en ti.

Te amo, Señor, y te entregamos nuestras vidas.

En el nombre de Jesús, amén y amén.

La limpieza del templo de Dios

¿Quién puede subir al monte del Señor? ¿Quién puede estar en su lugar santo? Solo el de manos limpias y corazón puro.

Santiago 1:12

El concepto de la limpieza no necesariamente es verte con una escoba, una mopa o cualquier otro utensilio de aseo. La limpieza también tiene que ver con nuestro cuerpo cuando Jesús viene a nuestro corazón al aceptarlo como el Salvador de nuestra vida.

El Manual de Instrucciones nos enseña que nosotros somos el templo del Espíritu Santo. La pregunta es la siguiente: ¿Cómo está ese templo? ¿Está lleno de corrupción, de pecado, de mentira, de hábitos que desagradan a Dios?

La limpieza de la casa de Dios, o el templo del Espíritu, a veces no es algo de un día. Quizá tengamos cosas tan arraigadas que nos resulten difíciles de sacar. Sin embargo, con la ayuda de Dios, claro que es posible.

Cuando estamos agradecidos por lo que Él nos ha dado, como la salvación y la vida eterna, tenemos que poner de nuestra parte.

Hoy examinemos y saquemos lo que de seguro oscurece el templo del Espíritu y la posterior llegada de Dios a nuestra casa.

La rebeldía

Preserva también a tu siervo de las soberbias; que no se enseñoreen de mí; entonces seré íntegro, y estaré limpio de gran rebelión.

Salmo 19:13, RV-60

Ayer aprendimos que debemos limpiar y poner en orden nuestro cuerpo que, desde el punto de vista espiritual, es la casa de Dios.

Sé que a veces cuando no entendemos mucho el porqué de las cosas que nos pide Dios, se levanta cierta rebeldía en uno. Se trata de algo que nos dice: «¿Y por qué tengo que hacerlo?». Entonces, si lo hacemos, quizá sea a medias y cambiemos ciertas cosas. No obstante, nos quedamos con lo que nos gusta, que a menudo es lo más pecaminoso. Es de lamentar que no entendamos que el mal es para nosotros mismos, ya que esa actitud no nos llevará a ningún final feliz.

Todos tenemos algo de rebeldes. A ninguno nos agrada que nos digan lo que debemos cambiar. Pensamos que nadie tiene derecho sobre nosotros. Es más, se nos olvida que si hemos rendido la vida a Dios, Él tiene autoridad sobre ti y sobre mí, y la tiene como Padre.

¿Qué es lo que levanta en ti la rebeldía? ¿Salir de tu zona de comodidad y hacer cambios radicales? Recuerda que esto te traerá bendición.

Dios es un Dios de orden, por eso no actúa en el desorden. Por lo tanto, si Dios no trabaja en nosotros cuando hay desorden, ¿por qué no ordenamos nuestra vida?

¡Ah! Tengamos presente que los que trabajan en el desorden son los demonios.

_____

_____

_____

Recojamos los estragos

(primera parte)

Alaba, alma mía, al Señor, y no olvides ninguno de sus beneficios. Él perdona todos tus pecados y sana todas tus dolencias.

Salmo 103:2-3

Al igual que los fuertes vientos derriban árboles, rompen techos y desordenan el lugar por donde pasan, lo mismo sucede con nosotros. A veces permitimos que lleguen a nuestra vida los vientos representados por malos hábitos, amistades que no nos aportan nada positivo, y decisiones que destruyen lo que nos ha dado Dios y que Él construyó con tanto amor. Además, puede ser que en muchos casos veamos y experimentemos los vientos de poca intensidad y que creamos que no corremos peligro, pero esos también hacen daño y dejan consecuencias.

Recuerda que nosotros no tenemos el control de nuestra vida. Somos seres humanos que nos dejamos llevar por las circunstancias. Así que cuando queremos apartarnos del problema, estamos en pleno torbellino.

Incluso, hay vientos que nos golpean tan fuerte que no nos dan la oportunidad de refugiarnos, ya que hemos permitido que impacte nuestra vida de frente. Entonces, cuando pasa esa tempestad de pruebas y desolación, nos damos cuenta de lo que hicimos, y solo vemos los estragos y la destrucción. Esto nos duele en el alma, pues no evitamos lo que estamos viviendo. Ante eso nos preguntamos: «¿Quién podrá ayudarnos? ¿Acaso será Dios?». Sin duda, hay esperanza aun en medio de las pruebas, y nos podremos levantar con la ayuda y la dirección del Señor.

Recojamos los estragos

(segunda parte)

En su angustia clamaron al SEÑOR, y él los salvó de su aflicción. Los sacó de las sombras tenebrosas y rompió en pedazos sus cadenas.

Salmo 107:13-14

En estos días estamos reflexionando acerca de las cosas negativas que les permitimos llegar a nuestra vida y a las que les llamo «vientos». Quizá esto se deba a que, por estar en temporada de huracanes, deseara establecer el paralelo con nuestra vida.

Muchos de esos impactos que vivimos los ocasionamos nosotros mismos. Tomamos malas decisiones, no escuchamos a tiempo los consejos y hacemos lo que bien nos parece. En algunos casos, esto nos lleva a quedar literalmente en «zona de desastre». Entonces, una vez más, el nombre de Dios viene a nuestros labios y pensamientos. Volvemos a orar con tanta intensidad como no lo hacíamos por mucho tiempo. Después nos arrepentimos y le pedimos a Dios una nueva oportunidad.

La buena noticia es que nuestro Padre siempre está dispuesto a recibirnos y a recogernos, así sea que estemos hecho pedazos o que seamos solo escombros. Con su infinita misericordia nos empieza a sanar y a reconstruir hasta dejarnos una vez más en pie.

Lo más importante de todo, mis queridos amigos, es que aunque Dios nos perdona y olvida nuestras faltas, siempre viviremos las consecuencias de nuestros actos.

Por favor, que no se nos olvide el dolor por el que pasamos y de dónde nos sacó Dios.

Recojamos los estragos

(tercera parte)

*Tú, Señor, eres bueno y perdonador; grande es tu amor
por todos los que te invocan.*

Salmo 86:5

Hemos visto que Dios es un Dios perdonador. Aunque le fallemos, nos mira con amor y misericordia. No nos abandona. Por el contrario, cuando ve nuestro arrepentimiento, nos perdona y nos restaura.

Hoy deseo que reflexionemos sobre ese acto de amor tan hermoso del Señor. A menudo, aparece nuestra humanidad y nuestra tendencia es a olvidar cuando ya estamos bien otra vez. Es como si nos diera amnesia... y caemos de nuevo en los mismos errores del pasado o aun peores.

¿Cuántas veces Dios nos ha levantado y le hemos vuelto a fallar? Muchas, ¿verdad?

Por eso nosotros debemos pedirle que nos ayude a ser fuertes y valientes. A que tomemos decisiones radicales para no volver atrás. No obstante, eso sí va a depender de cada uno de nosotros. Él nos da la oportunidad de cambiar de una vez y para siempre.

Ahora bien, ¿la tomamos o la dejamos?

Oración de gratitud

Entren por sus puertas con acción de gracias [...] denle gracias, alaben su nombre. Porque el Señor es bueno y su gran amor es eterno.

Salmo 100:4-5

Dios mío:

Aquí estoy delante de ti con un corazón agradecido por todo lo que has hecho por mí.

Sé que he cometido gravísimos errores, y mi vida está destruida y desbastada, pero gracias a tu gran amor y bondad me recibes una vez más con los brazos abiertos, dispuesto a perdonarme y darme una nueva oportunidad.

¡Gracias, Señor! Mi anhelo es permanecer viviendo una vida recta y agradable a tus ojos. Dame la fuerza para no volver atrás y la sabiduría para buscarte de noche y de día.

Me comprometo a ser cada vez mejor hijo tuyo, siendo más sensible a tu Palabra. Y a huir ante las tentaciones que no van a faltar.

Dios mío, ¡qué lindo eres tú! Te amo con todo el corazón, y oramos en el nombre de Jesús, amén y amén.

Regalos de nuestro Dios

Los ojos del Señor están sobre los justos,
y sus oídos, atentos a sus oraciones.

Salmo 34:15

Para los que me conocen, saben que muy a menudo utilizo este lema: «Déjate sorprender. Dios nos consiente. Dios nos da regalos porque nos ama. Está interesado en vernos felices».

Todos los días lo compruebo en mi vida. No se trata de que Dios lo haga por capricho, sino porque es el único que conoce de veras tus gustos, tus deseos, tu corazón. Como Padre, desea nuestro bienestar. Es tan especial que nos deja boquiabiertos con detalles que quizá solo habíamos soñado.

Hace tan solo unos meses, Él me volvió a sorprender y me dio un regalo tan hermoso que ha sido inspiración para este libro que hoy disfruto contigo.

Me dio el privilegio de unirme a un viaje misionero al Perú para visitar exactamente un área llamada Callao y llevar muchas cosas que hacen falta allí, pero sobre todo poder ver y palpar la necesidad de un pueblo. No hay nada más gratificante que lo que predicamos o aprendemos lo pongamos por obra.

No te desanimes, Él no te dejará sin sueños que cumplir. Todo será en su momento. El primer regalo ya lo tenemos y es la vida eterna.

Demos testimonio en todo lugar

Dios haga resplandecer su rostro sobre nosotros, para que se conozcan en la tierra sus caminos, y entre todas las naciones su salvación.

Salmo 67:1-2

El testimonio muestra la clase de personas que somos. También nos permite dar fe de lo que nos ha dado Dios y de los cambios que nos ha permitido tener. Sobre todo, podemos influir en muchas personas a nuestro alrededor. A veces nos pasa que quisiéramos que nadie nos conociera porque nos daría pena, ¿verdad? No desearíamos que se percibiera nuestro verdadero YO, en especial si somos personas públicas.

Cuando decidimos representar a nuestro Dios en la tierra, el testimonio cobra más importancia por una sencilla razón: Son muchas las miradas puestas en ti y en mí. Tal parece que no podemos darnos el lujo de ser como somos en la iglesia o en la casa porque alguien nos pudiera ver o escuchar. Sin duda, esto es muy bueno, pues nos obligamos a estar siempre comprometidos con la Palabra y con un deseo ferviente de mostrar lo que Dios ha hecho en nosotros.

En los lugares menos esperados, me he encontrado gente que conoce mi trabajo en la radio y me han visto tal cual soy. Me ha sucedido en supermercados, en la calle, en el hospital y, lo que menos me he imaginado, en un avión, donde el auxiliar de vuelo es oyente de la radio.

Mi enseñanza en este día es que tú y yo debemos guardar nuestro testimonio para agradar y obedecer a Dios, pues no sabemos quién nos mira. Lo que mostremos puede ser determinante en la vida de otra persona.

_____

_____

_____

_____

Palabras, palabras, palabras

En las muchas palabras no falta pecado;
mas el que refrena sus labios es prudente.

Proverbios 10:19, RV-60

Tus palabras tienen más valor de lo que quizá te hayas imaginado. ¿Cuántas veces por palabras dichas sin pensar te has visto comprometido, atado y metido en problemas?

Hay un refrán popular que dice que las palabras se las lleva el viento. Yo diría que esto sucede en algunos casos. Por lo general, toda palabra que sale de tu boca toma una fuerza que va más allá de lo razonable. Por eso es tan importante que pensemos antes de hablar, que pensemos antes de dar nuestra palabra.

Dar nuestra palabra implica compromiso y, a veces, por emoción o por las circunstancias, nos vemos comprometidos a aceptar negocios, llamados ministeriales y hasta relaciones que sabemos que no son la voluntad de Dios. Entonces, cuando queremos retractarnos de lo que dijimos, nos interpretan mal y una vez más se perjudica el testimonio.

Dos consejos en este día: Primero, piensa antes de hablar y comprometer tu palabra. Segundo, debemos tener como prioridad consultarlo todo con nuestro Dios.

No hagas nada por pena. Es mejor que te pongas rojo por un momento que rosado por el resto de tus días.

La Palabra

*La hierba se seca y la flor se marchita, pero la palabra
de nuestro Dios permanece para siempre.*

Isaías 40:8

Ayer reflexionamos acerca de las palabras que muchas veces salen de nuestra boca sin que midamos sus consecuencias. Además, aprendimos acerca de los problemas y los malentendidos que podemos ocasionar. Muchas relaciones y amistades se han dañado por un malentendido o porque prometimos hacer algo que no cumplimos.

¿Y qué me dices de los trabajos? Es posible que hayamos tenido problemas por un comentario fuera de lugar. Asimismo, está el caso de los que se complacen con el chisme y se enredan en la vida de los demás sin pensar que su palabra se compromete también.

Ahora consideremos por un momento en qué situaciones nos hemos visto envuelto. Pensemos, pues, que nuestra palabra debe ser sincera, desinteresada, firme y honesta. Luego, con la ayuda de Dios, propongámonos hacer el bien y no miremos a quién.

Por eso hoy quiero que juntos reconozcamos al único que no cambia y al único que su Palabra permanece para siempre. El único que con el poder de su Palabra creó este mundo e hizo milagros. El que nos garantiza que a través de su Palabra seremos libres y tendremos una nueva vida... ¡Dios!

Oración por el dominio de las palabras

*Si alguien se cree religioso pero no le pone freno a su lengua,
se engaña a sí mismo, y su religión no sirve para nada.*

Santiago 1:26

Señor:

En este día te damos gracias por tu presencia en nuestras vidas. También te damos gracias por tu Palabra que nos examina y nos permite mejorar y cambiar comportamientos que no te son agradables.

Queremos, mi Dios, entregarte toda nuestra vida. En especial, queremos pedirte que nos ayudes a meditar sobre la importancia de controlar cada palabra que salga de nuestra boca.

Si le hemos hecho daño a alguien, danos la oportunidad de restituir y restablecer relaciones y contactos que se lastimaron por nuestra culpa.

Y, por favor, mi Señor, refrena nuestra lengua.

Te lo pedimos en el nombre de Jesús.

Amén y amén.

El enojo

No te apresures en tu espíritu a enojarte;
porque el enojo reposa en el seno de los necios.

Eclesiastés 7:9, RV-60

¿Qué nos pasa, Dios mío? Soy la primera en humillarme delante de ti, pues hay cosas en nuestra vida que aborrecemos y que no queremos soportar más. Te hacemos promesas y te volvemos a fallar de nuevo.

Cuando quiero hacer el bien, hago lo contrario.

¡Qué condición tan triste para los que te amamos!

En nuestro andar contigo hemos hecho grandes cambios. Sin embargo, aún quedan cosas que de seguro entristecen tu corazón y el enojo es una de ellas.

No permitas que el enojo haga nido en nuestros corazones.

Perdónanos, Señor, y fortalécete en nuestras debilidades. Por eso, danos el valor para ser hombres y mujeres nuevos en Cristo Jesús.

El servicio:
Viaje misionero al Perú

*Alégrense en la esperanza, muestren paciencia
en el sufrimiento, perseveren en la oración. Ayuden
a los hermanos necesitados. Practiquen la hospitalidad.*

Romanos 12:12-13

Nunca antes había apreciado tanto la palabra «servicio» como en el viaje misionero al Perú. Un viaje que me dejó muchas enseñanzas y experiencias. Que me hizo reflexionar, valorar y reconocer que tengo el mejor Padre del mundo, Dios, y que soy bendecida de verdad.

El Señor hubiera podido determinar que tú y yo naciéramos en un hogar con extrema pobreza. Sin embargo, no fue así. Es posible que ahora estés pasando necesidades, yo también las he vivido en etapas de mi vida. Con todo, nunca ha sido una vida de grandes miserias.

Jamás seremos capaces de entender y valorar esto como cuando tenemos contacto con la necesidad de otros. Eso fue lo que vimos en la plaza de Canadá, en el Callao, durante este viaje misionero. Aquí, la vida no vale nada. Hay calles a las que ni las autoridades pueden entrar porque reinan la droga, la prostitución y la inseguridad Cuando llegamos, la gente nos miraba con extrañeza, pero a medida que pasábamos horas en el lugar, se acercaban a nosotros. En esa plaza se realizaron servicios evangelísticos donde cada noche muchos recibieron a Jesús. Además, se les llevó ayuda médica bajo carpa, y se les entregaron medicinas y ropas. Daba gusto ver las caras de felicidad y agradecimiento.

Cuando tengas la oportunidad de servir, no lo dudes ni un instante. Es el mejor regalo que puedes darle a la humanidad.

Un corazón agradecido

Vístanse de amor, que es el vínculo perfecto.
Que gobierne en sus corazones la paz de Cristo, a la
cual fueron llamados en un solo cuerpo. Y sean agradecidos.

Colosenses 3:14-15

¿Cómo no vamos a tener un corazón agradecido por nuestras bendiciones cuando vemos gente tan linda viviendo en circunstancias tan pobres?

Sabemos que en nuestra ciudad de Miami también hay necesidades, pero nunca se comparan a lo que necesitan recibir en esta provincia del Perú o en otros lugares de América Latina.

En los días de estadía en el Callao vi una gran necesidad. Sus casas están deshechas por completo. A muchas hasta les falta parte del techo, y están expuestas al frío y a la lluvia. La suciedad es tanta que a uno le cuesta trabajo creer que allí vivan seres humanos. Si quisiéramos, podríamos visitarlos más de una vez e igual se tomaría tiempo para ver cambios. Solo Dios puede hacer un milagro, como se lo hemos pedido.

Aprendamos a ser agradecidos. Disfrutemos de lo que tenemos, ya sea poco o mucho. Reconozcamos que Dios es el que nos cuida y propongámonos valorar nuestra vida con sus altibajos, pero confiados en que no estamos solos.

Hoy, tú puedes pedirle perdón a Jesús porque quizá seas una persona que haya renegado del tipo de vida que te ha tocado vivir. No se trata de que no puedas ser próspero. ¡Claro que puedes serlo! Sin embargo, nunca debemos olvidar de dónde nos sacó Dios.

El desorden y la suciedad

(primera parte)

Todos los caminos del hombre son limpios en su propia opinión;
pero Jehová pesa los espíritus.s.

Proverbios 16:2

El desorden y la suciedad son dos enemigos nuestros.

¡Qué importante es saber que el desorden y la suciedad son desagradables a la vista y a la vida, y que también nos afecta en el campo espiritual! Nosotros podemos ser pobres o humildes, pero nada nos da derecho a ser desordenados y sucios.

El abandono personal y del hogar solo refleja tu desinterés en la vida. En las Escrituras aprendemos que los demonios son los que viven en el desorden y la suciedad. Ese abandono te lleva a la depresión y te atan, de tal manera que no puedes ver las bendiciones y las promesas que Dios tiene para ti.

Son muchas las promesas que tenemos, pero solo son para los valientes, para los que preparan su casa, ya sea que se trate de tu cuerpo o del techo bajo el que vives.

Dios es un Dios de orden y no puedes pedirle que reine de otra manera.

Limpia y ordena tu casa y tu vida, y verás la mano de Dios sobre ti.

El desorden y la suciedad

(segunda parte)

Sé ejemplo de los creyentes en palabra, conducta, amor, espíritu, fe y pureza.

1 Timoteo 4:12, RV-60

Ayer aprendimos de dos grandes enemigos en la vida que nos pueden estar restando bendiciones: el desorden y la suciedad.

A lo mejor la casa donde vives es, como dicen, una tasita de té que brilla de limpieza, pero tu vida por dentro está desordenada y sucia. Así que debes comprender que hay que hacer cambios. Estos cambios no suceden de la noche a la mañana, y llevarán su tiempo. Sin embargo, una vez que lo entiendas, puedes tomar cartas en el asunto.

El orden empieza por ti mismo siendo limpio, pulcro y agradable para tu esposa, tus hijos y los que te rodean, y también en la manera de mantener tu casa. Entonces, quizá la pregunta que te hagas sea esta: «¿Cómo puedo cambiar?». La respuesta es que con Dios todo es posible.

Pídele a Dios que te ayude a ser ordenado. Desecha lo que ya no usas. No acumules basura, ni desperdicios en la cocina debido a la pereza. Que tu baño, tu ropa, y hasta tu auto, muestren a Cristo. Además, ten presente que lo que les modeles a tus hijos será lo que seguirán como ejemplo. Si te ven descuidado y abandonado, es muy probable que hagan lo mismo.

Hoy el Señor te da la oportunidad de cambiar, de echar fuera el desorden y la suciedad, y de cortar esas ataduras. Como

_____

_____

_____

_____

La pobreza del alma

*Cumple los mandatos del Señor tu Dios [...] Así prosperarás
en todo lo que hagas y por dondequiera que vayas.*

1 Reyes 2:3

Sin duda, todos sabemos que hay ricos y pobres. Las clases sociales han existido toda la vida.

En el mundo se acepta muy bien esta frase que hasta forma parte de una canción: «Cuanto tienes cuanto vales». No obstante, cuando tú y yo conocemos el camino, la verdad y la vida, nos damos cuenta de que estábamos muy equivocados.

El Señor en su Palabra nos dice que cuando lo aceptamos a Él y lo reconocemos como nuestro Salvador, nos convertimos en hijos de Dios y, a su vez, coherederos con Cristo. Además, nos dice que será nuestro Proveedor y nuestro Guardador, prometiéndonos prosperarnos y bendecirnos.

En ninguna parte de la Palabra se habla que debemos permanecer en pobreza ni que debemos llegar a un estado de conformismo. Sin embargo, en mi viaje misionero pude ver de cerca, y sé que pasa en todo el mundo, que hay personas que aunque son libres porque conocieron a Jesús, viven con una mentalidad de pobreza absoluta. Creen que al estar así en medio del abandono van a agradar más a Dios o le van a conmover su corazón. ¡Qué equivocados están! A Dios lo mueve la fe y nuestros pasos confiados en Él. Lo mueve, como ya dije, la obediencia.

Hoy te invito a que te sacudas la tierra de la pobreza, pues Dios quiere bendecir tu vida. Te invito a que renuncies a ideas que te hacen pensar que no puedes ser tan próspero como Jesús. Abandónate en sus brazos y déjate consentir por tu Padre celestial.

El corazón del hogar

[Ella] está atenta a la marcha de su hogar, y el pan que come no es fruto del ocio. Sus hijos se levantan y la felicitan; también su esposo la alaba.

Proverbios 31:27-28

La mujer es el corazón del hogar. Sin duda, Dios le ha dado a la mujer esta gran responsabilidad.

¿Te has puesto a pensar que cuando tenemos nuestros esposos, o aun si somos madres solteras, Dios nos ha dado la capacidad de ser ese corazón del hogar? Tú y yo influimos de una manera positiva o negativa en nuestros esposos y en nuestros hijos. Cuando estamos desanimadas, eso es lo que transmitimos en casa... ¡y cómo ese desaliento lo sufren todos!

Sin embargo, esto lo vemos también en las cosas positivas. Si eres emprendedora, de seguro animas a tu esposo en los momentos en que necesita de ti. Asimismo, cuando alientas a tus hijos y los aconsejas en medio de las dificultades, su respuesta será positiva.

Por eso la mujer es ese motor que debe estar siempre conectado con Dios, ya que nuestra función en el hogar es determinante. Así que, recapacita, pues si tu esposo y tus hijos se quejan de ti, que eres insoportable, que no se te puede hablar o que te pasas la vida con regañinas, estas son señales de advertencia.

Pidámosle a Dios que nos ayude a cambiar y a estar centradas, de manera que logremos seguir siendo ese motor impulsor en la familia.

Sanidad interior

Sáname, Señor, y seré sanado; sálvame y seré salvado,
porque tú eres mi alabanza.

Jeremías 17:14

Cuando llegué a conocer de Dios, al poco tiempo alguien me dijo que necesitaba sanidad interior. Al principio, no entendía, pues no me consideraba enferma. Sin embargo, después comprendí que todos vamos enfermos del alma a encontrarnos con Jesucristo. Por supuesto, unos más que otros.

Muchos traemos heridas aún sin sanar y esto afecta a las personas que nos rodean. Si las emociones de uno andan mal, no tenemos la capacidad para salir adelante como Dios quiere, ni podremos dar lo mejor de nosotros a otros.

Yo tenía enfermas mis emociones, pues unos días me sentía feliz y otros me sentía morir. Vivía en un constante cambio de ánimo lo cual daba inestabilidad a mis princesas. Estaba enferma del alma, y en esa etapa de mi vida tomé las peores decisiones.

El Manual de Instrucciones habla de que no debemos ser personas de doble ánimo, y por eso es que nos debemos dejar orientar y ayudar. Hoy en día, muchas de las iglesias cristianas cuentan con personas preparadas para aconsejarnos y, con la ayuda de Dios, lograremos obtener nuestra sanidad.

No nos creamos autosuficientes. «Todos» necesitamos sanar el alma. Necesitamos reconocer que solo con la ayuda de Dios obtenemos una verdadera sanidad interior. Una vez sanados, podremos ayudar a otros, en especial a nuestros hijos y cónyuges. Si la mujer está bien, podrá ser ese motor esencial del hogar.

Beneficios de la sanidad

Amado, yo deseo que tú seas prosperado en todas las cosas,
y que tengas salud, así como prospera tu alma.

3 Juan 2, RV-60

Estos días estamos aprendiendo lo importante y lo beneficioso que es tener la sanidad del alma.

¿Sabías que muchas de las enfermedades son producto del rencor y la falta de perdón? Las heridas que han quedado abiertas nos mantienen frustrados y con raíces de amargura que con el paso del tiempo se manifiestan en enfermedades.

Tú deseas un hogar, unos hijos y una vida en paz y feliz. Por eso necesitas mirar hacia adentro y pedirle a Dios que te muestre esas partes de tu vida que necesitan sanidad y libertad. Te sentirás diferente cuando le permitas a Dios que obre en ti.

El Señor nos da promesas de libertad y de bendición. Lo que a veces sucede es que nosotros mismos detenemos esas promesas. Siéntete libre hoy y dile a Dios tu deseo de cambiar.

Oración por liberación

Si el Hijo los libera, serán ustedes verdaderamente libres.

Juan 8:36

Dios mío:

Se que tú quieres liberarme de la pobreza y el desorden. Por eso, hoy me presento delante de ti entendiendo y reconociendo que soy tu hijo. También comprendo que, como hijo, tengo los derechos y los privilegios que vienen de ti, que eres mi Padre.

En este día cancelo con autoridad todas las enseñanzas negativas que me han hecho creer que, por ser cristiano, debo ser pobre.

Así que hoy entiendo que tú tienes bendiciones en abundancia para mi familia y para mí.

Gracias, Señor, porque he aprendido que tú eres un Dios de orden.

Mi Jesús, hoy te pido, por favor, que me libres de toda atadura y pongas en mi corazón el deseo de salir adelante y de luchar por alcanzar mis sueños.

Renuncio este día a la pobreza, al desorden, al abandono, a la suciedad, a la depresión y me declaro libre. Recibo tu bendición ahora.

En el nombre de Jesús, amén y amén.

Un nuevo día

¡Despierten, arpa y lira! ¡Haré despertar al nuevo día! [...]
Te alabaré, Señor [...] Pues tu amor es tan grande que rebasa los cielos.

Salmo 108:2-4

Cada día trae su propio afán. Entonces, ¿por qué nos vamos a afanar por el día de mañana? Hasta la Biblia nos recomienda que dejemos el estrés y vivamos cada día como si fuera el último.

Eso no significa que no te proyectes al futuro y que no planifiques. Estas cosas son buenas. Lo que no es bueno es que te dejes robar la bendición al preocuparte antes de tiempo.

Aprender a descansar en el Señor nos trae muchas ventajas, pues vives en paz y afrontas tus problemas confiando en que tendrán solución. Aun estando en aprietos financieros, conoces quién es Dios que no te desampara ni de día ni de noche.

Cuando descansas en Dios, es porque has entendido de veras que tu Padre que está en los cielos cuidará de tus hijos aun cuando partas de este mundo.

Entonces, comencemos a darle gracias a Dios por el día de hoy. Vivamos a plenitud y saquemos el mejor provecho del mismo, aunque venga con cosas que no esperábamos.

Ora cada mañana y encomiéndale tu camino al Señor. Preocúpate por los negocios de Dios y Él se preocupará por los tuyos.

Gracias, Señor, por este nuevo amanecer. Lo entrego en tus manos.

En el nombre de Jesús, amén.

Disfruta la vida

No [...] pongan su esperanza en las riquezas [...] sino en Dios, que nos provee de todo en abundancia para que lo disfrutemos.

1 Timoteo 6:17

Creo que nunca sobrarán estos tipos de libros llamados de inspiración o motivación, ya que necesitamos escuchar a cada momento cosas como estas.

Todo se debe a que nada nos resulta suficiente para ser felices. Por cualquier asunto, por pequeño que sea, dejamos que se dañe nuestro día y nos preocupamos.

Dios hizo la vida para disfrutarla. La hizo para el deleite tuyo y mío. Los planes originales del Creador eran que viviéramos en el paraíso. Y no fue así por nuestra recordada Eva.

La mujer se dejó convencer por la serpiente y terminó haciendo lo que le prohibió Dios. Luego está Adán que, en vez de pararse firme y decir no, también cayó en la tentación y le falló a su Creador. A partir de allí comenzó el pecado.

Sin embargo, Dios en su amor nos ha permitido conocerle. Ha perdonado nuestros pecados y nos da el mejor regalo de todos: La vida eterna en su presencia.

Seamos conscientes de esto y no permitamos que las pequeñas cosas acaben con nuestra alegría.

La vanidad de la vida

Es don de Dios que todo hombre coma y beba,
y goce el bien de toda su labor.

Eclesiastés 3:13, RV-60

Muchas cosas en la vida son vanidad y nos hacen perder la orientación. Por ejemplo, el anhelo desmedido por las riquezas. La Biblia nos enseña que el amor al dinero también es vanidad.

Por eso, el verdadero convertido es el que deja a un lado el interés por las cosas materiales y se concentra en Dios que es el Dador de todo en este mundo. Una cosa es ser próspero y otra cosa es que tu vida la pongas a valer por lo que tienes... Cuanto tienes, cuanto vales.

El Manual de Instrucciones nos recuerda que no podemos creer que siempre seremos jóvenes, pues la juventud pasa de igual manera. Como salimos desnudos del vientre de nuestra madre, así nos iremos sin nada.

Pidámosle a Dios que seamos capaces de mantener un equilibrio en la vida, que disfrutemos de sus bendiciones y que, de lo mucho o lo poco que tengamos, podamos darles a los demás.

Sabiduría contra necedad

(primera parte)

En los labios del prudente hay sabiduría;
en la espalda del falto de juicio, solo garrotazos.

Proverbios 10:13

La sabiduría es un don hermoso y tenerla es una ganancia, mientras que la necedad es un defecto y es desobediencia.

Aunque debemos recordar que cada uno de nosotros tiene una porción de sabiduría, también el Manual de Instrucciones nos dice que si nos falta sabiduría, se la pidamos a Dios.

Es un privilegio y una virtud ser sabios en todo lo que hacemos, hablamos y pensamos. Cuando nos tomamos el tiempo para pensar antes de actuar, nos libramos de errores y de muchos dolores de cabeza.

Como todo en la vida, debemos tener un equilibrio. Hay personas que por tratar de ser sabios se van al extremo y se vuelven legalistas. Piensan que teniendo una conducta irreprochable van a ser capaces de evitar una crisis o una situación difícil. Les recuerdo que Dios creó el día bueno y también el malo. Lo importante es discernir los momentos y vivir en consecuencia.

Hay oportunidades que nunca regresan y está en ti tomar una sabia decisión. También hemos experimentado que el infortunio nos lleva a la reflexión y produce el fruto de la sabiduría. Después de esas grandes dificultades que hemos afrontado, es increíble cómo la manera de ver la vida cambia de forma radical y aprendemos mucho. Sin darnos cuenta, maduramos, y es de allí que viene el fruto de la sabiduría.

_____

_____

_____

_____

Sabiduría contra necedad

(segunda parte)

La sabiduría del prudente es discernir sus caminos,
pero al necio lo engaña su propia necedad.

Proverbios 14:8

La sabiduría es una virtud, pero la necedad es un defecto que se puede convertir en pecado. En la vida se presentarán momentos en los que nos pondrán a prueba y donde tendremos la opción de tomar decisiones sabias o necias. Así que cualquiera de las dos determinará las consecuencias de nuestros actos.

Del mismo modo que muchas personas crecen en sabiduría y aprenden de sus errores, otras tantas volverán a su necedad y no aprenderán la lección ni darán frutos, aunque hayan tocado fondo y Dios les haya dado otra oportunidad.

Las personas que son así, siempre las vemos abrumadas y enredadas en problemas. No hay paz en sus corazones, porque no tienen en cuenta a Dios en sus vidas. Se creen autosuficientes, pero sus vidas no modelan a Cristo.

La comparación que hace Dios en la Biblia sobre la necedad del hombre es que el necio es como el perro que vuelve a su vómito. ¿Visualizas esa imagen? *¡Puf!* Entonces, si hemos sufrido por los errores cometidos, ¿por qué los repetimos? Porque se nos olvida el dolor y el daño causado.

Por lo tanto, pidámosle hoy a Dios que nos fortalezca y nos dé sabiduría que viene de lo alto.

Oración por buenas decisiones

El que va por buen camino teme al Señor;
el que va por mal camino lo desprecia.

Proverbios 14:2

Señor:

Te queremos dar muchas gracias por tu Palabra. Gracias por dejar entre nosotros ese Manual de Instrucciones que está lleno de recomendaciones y consejos para que se apliquen a la vida de cada uno de tus hijos.

En estos días reflexionamos acerca de la sabiduría y la necedad, y vimos que las dos pueden afectar nuestra vida para bien o para mal.

Por eso hoy queremos decirte que necesitamos tu ayuda. Queremos que nos bendigas con una nueva porción de sabiduría, de modo que seamos capaces de hacer tu voluntad y andar como es debido en tus caminos todos los días de nuestra vida.

También te pedimos, mi Dios, que nos ayudes a ser equilibrados, y a no llegar a los extremos del legalismo ni del libertinaje. Sabemos que los extremos son malos.

Gracias por este nuevo día. Lo dejamos en tus manos y confiamos plenamente en ti.

En el nombre de Jesús oramos.

Amén y amén.

Una nueva oportunidad

*En mi angustia invoqué al Señor; clamé a mi Dios, y él me
escuchó desde su templo; ¡mi clamor llegó a sus oídos!*

Salmo 18:6

El mes de septiembre quedó marcado para siempre en mí, pues en un mes como ese Dios me sanó de una grave enfermedad. Durante esa prueba, mi vida estuvo al borde de la muerte y pude comprender muchas cosas que vivo ahora: Disfrutar de mi familia día a día, ser consciente que mi vida está en las manos de Dios, que todo puede cambiar en un abrir y cerrar de ojos, y que hoy estoy bien y mañana quizá no lo esté.

Esto nunca pasó por mi mente. Ni siquiera consideré que estaría casi cinco meses fuera de mi trabajo. Mis princesas tampoco se imaginaron jamás que una operación de colon se convirtiera en una pesadilla al ver a su mamá en una condición tan crítica por un mes y medio en el hospital, con ocho recaídas que significaron ocho veces más en el hospital y dos años de recuperación.

Hoy agradezco a mi Dios por sus cuidados. Mis hijas también valoran más a su mami y testifican que, a pesar de lo traumático de la situación, saben que Dios me sanó y cuidó de ellas en esos días sombríos.

Además, pude experimentar el poder de la oración. Así que, debido a la oportunidad que tengo de escribir este libro, puedo agradecerles a cada uno de mis oyentes y familiares que alzaron una voz de clamor... ¡Gracias!

Cada prueba que vivas te hace crecer como persona. Maduras y aprendes una lección de vida. Por eso quiero repetirte la frase que aprendí de mi cuñado, el pastor Fernando García: «Dios es bueno todo el tiempo, todo el tiempo bueno es Dios».

Se crece con el dolor

Señor mi Dios, te pedí ayuda y me sanaste. Tú, Señor, me sacaste del sepulcro; me hiciste revivir entre los muertos.

Marcos 10:45

¿Se crece con el dolor? No sé cuál será tu respuesta, pero podemos sacar muchas reflexiones con esta frase, que no es para nada rebuscada, pues se hace realidad en la vida de los que llevan una relación con Dios. Me refiero a la relación con Dios, porque es la única manera en que podemos conocer su corazón y entender muchas de las cosas que permite en nuestra vida. El dolor es una de ellas.

Te contaré, a petición popular, lo que me sucedió hace años en un mes de septiembre. Ese mes en particular fue el más traumático y doloroso de mi vida. Sé que de esta dura experiencia, Dios te dará la porción de lo que debes aplicar a tu hermosa vida. En mi caso, la aprendí a apreciar cuando estuve a punto de morir.

Toda estadía en un hospital es dolorosa por los continuos pinchazos y sufrimientos al recuperarnos de una intervención quirúrgica. Mi operación fue muy complicada. Necesité mucha morfina por varios días, pues los dolores eran muy intensos.

También experimenté otro dolor, el del alma, por no poder ver a mi princesa pequeña que en ese tiempo tenía un año y medio. Me dolía dejar mi trabajo, no poder pararme ni moverme, y mi hija de tan solo dieciocho años se hizo cargo de la casa, las cuentas, las hermanas y su abuelita. Me dolía mucho que me vieran tan enferma y sufrieran, pues hemos sido muy amigas.

Sin embargo, el dolor y el tiempo fue pasando, y poco a poco me levanté de una manera milagrosa. ¡Alabado sea Dios!

_____

_____

_____

Temor en medio de la enfermedad

Busqué al Señor, y él me respondió; me libró de todos mis temores.

Marcos 10:45

Fueron varios los momentos en que sentí temor, eso es normal. Aunque recordaba que el temor no era de Dios, era una lucha no sentirlo, en especial cuando los médicos no veían mi recuperación de manera positiva.

Hubo situaciones que nunca olvidaré, como el día en que me dijeron que me desangraba y tenían que volver a operarme a solo dos días de la primera operación. O cuando me dijeron que necesitaba mucha sangre y empecé a recibir las transfusiones... trece en total.

En ese mes y medio hospitalizada, la condición era tan crítica que, como les dije, el temor lo viví en diferentes momentos. Uno de los más difíciles fue cuando en mi recuperación me encontraron una bacteria que me podía quitar la vida en días. Fue tan grave la situación, que decidieron sacarme del hospital con todo un equipo médico y de enfermería, pues mis defensas estaban tan bajas que mi vida corría más peligro si me dejaban hospitalizada.

Amigos, no fue fácil, pues padecí una verdadera batalla contra la muerte, una guerra espiritual.

En medio de mi condición, mi refugio era Dios, y mi única terapia y consuelo era escuchar a mi madre leerme promesas de la Biblia cada día y contarme historias de personas sanadas por Dios. Sin cesar me repetía: «Si Dios lo hizo con ellos, lo hará conmigo».

Aunque era consciente de mi salvación, temía morir y no ver más a mis hijitas. Sin embargo, Dios fue más que bueno, pues prolongó mi vida en esta tierra.

Notas

Desesperación

La oración de fe sanará al enfermo y el Señor lo levantará.
Y si ha pecado, su pecado se le perdonará.

Santiago 5:15

¿Cuántas veces has vivido una prueba donde pasan los días y las semanas sin ver mejoría, ni cambio, y te desesperas? Lo que sucede es que lo que vemos y vivimos no coincide con lo que nos promete Dios.

Eso me pasó a mí. Tuve momentos en los que lloré amargamente. Tenía la promesa de que Dios me sanaría, pero mi condición me mostraba lo contrario, pues a duras penas podía caminar. Ni siquiera pude ingerir alimentos durante dos meses. Entonces, cuando pude comer, mi organismo rechazaba la comida. Era muy difícil sentir que no tenía control de mí misma, hasta tenía que usar pañales. Así que solo decía: «Dios puede sacarme de esto».

Fue una verdadera prueba experimentar el insomnio y pude entender a las personas con esta condición. Mis días eran eternos, largos, interminables. Por el día mi mente estaba un poco ocupada con las visitas y mi familia, pero cuando se iban todos, me quedaba en ese cuarto sola con un frío que me calaba los huesos sin poder dormir. Tuve extensas conversaciones con mi Dios donde le preguntaba un sinnúmero de cosas y muchas no recibían respuestas.

No obstante, en medio de esa quietud obligada pude entender el propósito por el que estaba allí. En primer lugar, Dios me mostró que había descuidado mi salud, y en segundo lugar, que era muy autosuficiente. Estaba en tal vorágine de trabajo que no tenía tiempo ni para escuchar a Dios. Así que esa fue la única manera en que, estando inmóvil, pude ver su voluntad para mi vida.

Notas

Solidaridad

> *¡Cuán bueno y cuán agradable es que los hermanos convivan*
> *en armonía! [...] Donde se da esta armonía, el Señor*
> *concede bendición y vida eterna.*
>
> Salmo 133:1,3

Esta semana te he contado partes de mi testimonio y juntos hemos podido ver cómo Dios tuvo misericordia, ya que en medio de tanta gravedad, Él intervino de una manera sobrenatural. Así lo hará en tu vida sin importar cuál sea tu situación. ¡Dios tiene la última palabra!

En este tiempo fue hermosísimo ver cómo mis oyentes, mi familia y amigos se volcaron en solidaridad: cadenas de oración, ofrendas, flores, llamadas, visitas y correos electrónicos con palabras de ánimo. Pude darme cuenta de la magnitud del cariño de las personas y me dije varias veces: «Ha valido la pena todas las madrugadas para ir a la radio. Ha valido la pena el servicio que he realizado por los demás», pues lo coseché en ese tiempo.

Sé que Dios fue el que movió el corazón de muchos de ustedes para hacer lo que hicieron por mí y mis princesas. Fue tanta la solidaridad que hasta el personal del hospital le preguntaba a mi familia si yo era una persona de la política, ya que el teléfono no paraba de sonar. Era tanta la gente que venía a orar por mí, que tuvieron que prohibir las visitas.

Mi enseñanza con esta experiencia es que recogemos todo lo que sembramos, y que también se recogen el amor y el afecto. Por lo tanto, no dejemos de ser misericordiosos, pues lo que podamos hacer por los demás es de bendición. Todas las personas que están en los hospitales, las cárceles y los hogares de ancianos necesitan de nuestras oraciones y compañía.

Notas

Promesas cumplidas

Envió su palabra para sanarlos, y así los rescató del sepulcro.

Salmo 107:29

La manera más hermosa en que puedo cerrar estos devocionales de mi testimonio es con un corazón agradecido. La mano de mi Creador estuvo sobre mí porque aprendí a conocer otras de sus facetas como las de Padre, Médico, Sanador, Dador, Amigo... Aunque por momentos no entendía lo que vivía, también llegaron a mis oídos promesas suyas, como por ejemplo:

- «Escribe en un libro todas las palabras que te he dicho»: Cuatro años más tarde lo tenemos en nuestras manos, así que eres testigo de esa promesa cumplida (Jeremías 30:1).
- «Yo estoy contigo para salvarte» (Jeremías 30:11).
- «Yo te restauraré y sanaré tus heridas» (Jeremías 30:17).
- «De entre ellos surgirá su líder [...] Lo acercaré hacia mí, y él estará a mi lado»: La promesa de mi esposo se cumplió siete meses más tarde (Jeremías 30:21).

Conocí a mi esposo casi ocho años atrás en Las Vegas, y Dios lo puso de nuevo en mi camino y lo acercó a mí. Después de un noviazgo de un año y medio, decidimos casarnos. Así que pidió mi mano y se vino a vivir a Miami. Ahora tenemos un matrimonio lleno de felicidad porque cuenta con el sello de nuestro Dios.

Hoy puedo testificar que Dios cumple «todo» lo que promete. Lo que es más importante, lo hace en el tiempo perfecto para que las cosas sucedan como Él manda.

Si puedes leer de la Biblia la promesa que Dios me dio el 13 de septiembre de 2005, entenderás mejor este milagro de vida que soy yo. Analiza esa promesa, ¡está en Jeremías 30!

Oración por sueños hechos realidad

> *Camino, SEÑOR, en torno a tu altar, proclamando en voz alta tu alabanza y contando todas tus maravillas.*
>
> Salmo 26:6-7

Dios mío:

Hoy acudo a ti en oración junto a los que como yo hemos visto cumplidos nuestros anhelos más profundos. Levanto mi mirada a ti y no me queda más que decirte... ¡Gracias!

Gracias porque me acompañaste en momentos de angustia. Gracias porque de esta prueba pude aprender muchas cosas. Gracias porque puedo contárselas a otras personas a través de mi ministerio y testificarles que el Dios que sirvo me salvó, me sanó y me trajo de vuelta a una vida nueva con un esposo y un hogar para mis princesas.

Señor, mientras tenga vida te serviré de manera incondicional y no me cansaré de hablar de tus maravillas.

Permite, Jesús, que este libro les sirva de ayuda a las personas que aún dudan de tu poder, y que logren conocerte mejor y cambiar el rumbo de sus vidas.

Te lo pido en el nombre de Jesús.

Amén y amén.

¿Por qué servir?

Servid a Jehová con alegría; Venid ante su presencia con regocijo.

Salmo 100:2, RV-60

El servicio es un privilegio. Es algo que podemos hacer y nos deja muchas satisfacciones. Es una manera muy especial de representar el corazón de Dios. En otros devocionales recordamos que el mejor ejemplo de servicio lo dejó Jesús cuando estuvo en la tierra sirviendo a los demás. Incluso, les lavó los pies a sus discípulos. La Palabra dice que «hay más dicha en dar que en recibir» (Hechos 20:35).

Muchas personas se comunican conmigo para decirme que quieren servir a Dios, pero no saben cómo hacerlo ni en qué hacerlo. Lo importante es que tengas el deseo. No necesariamente tienes que servir en la iglesia. Puedes hacerlo en las cárceles, los hospitales, las casas de refugio para mujeres maltratadas, hogares de adopción, centros de rehabilitación de adicciones, etc. En realidad, la mies es mucha y los obreros son pocos.

El gran problema es que muchos no sirven porque no quieren compromisos. Creen que por servir tienen que dejar de hacer sus cosas o limitarse, pero no se imaginan que Dios restituye, premia y nos da todo lo que deseamos.

He escuchado en diferentes ocasiones esta frase: «El que no sirve, no sirve». Aunque no somos salvos por obras, «la fe sin obras está muerta» (Santiago 2:26). Tu salvación es posible cuando recibes a Jesús como tu Salvador, pero la fe se manifiesta con la acción.

Pídele a Dios que te muestre cuál es tu mejor campo de servicio y empieza a desarrollarlo cuanto antes.

Recibe a Jesús en tu corazón

Todo el que invoque el nombre del Señor será salvo.

Romanos 10:13

Hace veinticinco años me hicieron esta pregunta: «¿Quieres recibir a Jesús en tu corazón?». Siempre estaré agradecida por esa persona que Dios usó para que llegara a sus caminos. Fue paciente, nunca juzgó mi vida, ni mi condición. Al contrario, fue sabio al llevarme a la iglesia junto con mis princesas. ¡Gracias, Juancho!

Sé que muchos de ustedes ya hicieron esa decisión, pero les pido que en este momento oren dondequiera que estén por las personas que hoy por primera vez están a punto de contestar esta importante pregunta.

Es posible que ya entendieras el sacrificio de amor que hizo Dios por la humanidad al entregar a su único Hijo Jesús para que muriera en la cruz por nuestros pecados. Tal vez ya entendieras que Dios te ofrece el perdón si le reconoces como Salvador. Sin embargo, el Manual de Instrucciones dice que nadie llega al Padre si no es por medio de su Hijo Jesucristo, y que para la salvación debe haber confesión. Déjame decirte que esto no es cambiar de religión, sino comenzar una relación personal con Él.

Si quieres recibir a Jesús en este día, solo lee en voz alta esta oración: «Señor Jesús, me presento delante de ti porque reconozco que soy pecador. Te pido, mi Dios, que perdones mis pecados. Hoy abro mi corazón y te recibo como el único y verdadero Salvador de mi vida. Entra en mi corazón. Transforma mi vida. Perdóname, Señor, y escribe mi nombre en el Libro de la Vida. En el nombre de Jesús, amén».

_____

_____

_____

Ángeles a nuestro alrededor

*Ningún mal habrá de sobrevenirte, ninguna calamidad
llegará a tu hogar. Porque él ordenará que sus ángeles te
cuiden en todos tus caminos.*

Marcos 10:45

Hablar de los ángeles son palabras mayores, y la verdad es que no voy a entrar en ese tema de explicarte cómo son. Lo único que puedo decirte es que la Biblia registra más de cien versículos donde los ángeles tuvieron su aparición en diferentes momentos de la historia bíblica.

En el mundo actual, hay personas que dicen que han tenido experiencias con ángeles, que los han visto. Aunque yo no he visto ninguno, sí creo que Dios nos envía ángeles que nos protegen de todo mal y peligro.

En realidad, es importante que te acostumbres a orar y a pedirle a Dios que les ordene a sus ángeles que estén alrededor de nuestras casas, autos e hijos. En mi caso, confío en que a pesar de que no los veo, están siempre conmigo. Además, sé que en muchas ocasiones me han librado del peligro.

Los ángeles

Fortalézcanse con el gran poder del Señor. Pónganse toda la armadura de Dios para que puedan hacer frente a las artimañas del diablo.

Efesios 6:10-11

Ayer analizamos que los ángeles existen y la Biblia registra su existencia. Sin embargo, hay personas que se desvían con este asunto. Estudian los ángeles más que la misma Biblia. Los endiosan y hablan de los milagros que hicieron los ángeles en sus vidas. Así que dejan a Dios en un segundo plano. Debemos reconocer que los ángeles existen, pero sin olvidarnos de Dios.

Nada ni nadie debe ser más importante en nuestras vidas que Dios.

Me impresionó mucho saber que el diablo no es como lo pintan: rojo, con cuernos y cola. Resulta que el diablo era un ángel muy hermoso llamado Lucero, o Lucifer, que significa «hijo de la mañana». Su gran pecado fue su enorme egoísmo y su deseo de igualarse a Dios o estar por encima de Él. Deseaba que lo adoraran y le reconocieran como a Dios.

A raíz de esto, se formó una gran batalla en el cielo y expulsaron de allí a Lucifer y la tercera parte de ellos, a los que se les conoce como ángeles caídos. A partir de ese momento, Satanás se convirtió en el príncipe de este mundo que solo desea robar, matar y destruir.

Por eso debemos entender que el enemigo siempre quiere hacernos daño. Entonces, cuando nos quiere tentar y hacer caer, se presenta con cosas agradables y llamativas, pues quiere engañarnos.

Por eso, mi invitación hoy es a que nos pongamos la armadura de Dios, a fin de estar firme contra todas las cosas que trama el diablo en nuestra contra.

Personas que son como ángeles

*Preocupémonos los unos por los otros, a fin de
estimularnos al amor y a las buenas obras.*

Hebreos 10:24

¿Has vivido la experiencia de conocer personas que parecen ángeles? ¿Personas que aparecen en momentos de nuestra vida que nos hacen decir que son como ángeles? Es una gran experiencia encontrarse con estos seres especiales con un corazón tan grande que nos conmueven. Por eso los llamo ángeles enviados por Dios a nuestra vida. Trata de recordar a esa persona que en momentos de angustia y tribulación te ayudaron, te escucharon y te sacaron adelante. O quizá tú fueras ese ángel para otros y hoy Dios te honra.

Mi experiencia más cercana fue en una situación donde tenía pendiente una cuenta con mi abogada de inmigración y esa oficina decidió que no podían esperar más y me demandaron.

Como testimonio, te cuento que cuando los papeles llegaron al tribunal, allí había un angelito, una mujer que, cuando vio mi nombre, llamó a la emisora y pidió que no la identificaran. En su conversación con mi jefe, dijo: «Soy oyente de Claudia y necesito que le diga que sus papeles están aquí. Por eso, debe hablar con su abogada y pedirle que quite la demanda. Sé que le pueden dar una oportunidad». Para la gloria de Dios, eso fue lo que pasó. Me acerqué de nuevo a mi abogada, me dio la oportunidad y quitó la demanda.

¿Son ángeles o no estas personas? Dios permita que ella esté leyendo mi libro para decirle: «Dios te guarde y bendiga grandemente».

_____

_____

_____

_____

Dios es nuestro mayor defensor

El que habita al abrigo del Altísimo morará bajo la sombra del Omnipotente.

Salmo 91:1, RV-60

En el Manual de Instrucciones, Dios nos dice que «abogado tenemos para con el Padre, a Jesucristo el justo» (1 Juan 1:1, RV-60).

Sin embargo, para que esto sea así, debes creerle a Dios y tener tu fe puesta en Él, a fin de que veas este versículo hecho realidad en tu vida.

A cada momento vivimos situaciones donde decimos: «¿Quién podrá defenderme ahora?». Entonces, comprobamos que solo Dios puede ayudarnos porque Él es omnipotente y omnipresente.

Creerle a Dios es un gran beneficio, pues aunque quizá parezca que esa situación que hoy vives sea un callejón sin salida, Dios tiene la salida para todo problema. Él tiene la última palabra y es el que cambia los decretos de muerte a vida, de enfermedad a sanidad, de prisión a libertad, de culpable a inocente.

A Dios le interesa que nos vaya bien.

De modo que si quieres activar esa defensa a tu favor, debes dejar de luchar con tus propias fuerzas, debes dejar de pensar que te las sabes todas, y rendirte por completo a Jesús.

Notas

Oración por nuestra defensa

Yo le digo al Señor: «Tú eres mi refugio, mi fortaleza, el Dios en quien confío».

Salmo 91:2

Señor:

¡Qué cosas tan hermosas nos has dejado en tu Palabra! Cuando leo el Salmo 91, comprendo, mi Dios, que si soy obediente a tu Palabra, mi vida estará siempre bajo tus alas. Que tendré tus cuidados y protección. Que no debo temer a nada ni nadie, porque eres mi Defensor.

En tu Palabra prometiste no abandonarme y estar conmigo en todo momento.

Ayúdame, Señor, a darte todo mi amor y a confiar plenamente en tu poder.

Dios mío, no temeré, y descansaré en ti.

Por más noticias preocupantes que se escuchen afuera, yo creeré en ti.

Amén y amén.

_____

_____

_____

_____

¿Quiénes son los bendecidos?

El Señor nos recuerda y nos bendice [...] bendice a los que temen al Señor.

Salmo 115:12-13

Los bendecidos son esos cuyas vidas están dirigidas por la ley de Dios. El mismo Señor nos enseña lo que debemos hacer y no hacer. Así que las bendiciones son para todos, aunque no todos las hagan suyas. En realidad, les cuesta creer que Dios tiene grandes planes con nosotros.

Ver el triunfo en los demás es conformismo. Es no comprender que todos somos hijos de Dios y que la ley es para todos, al igual que las bendiciones.

Claro, hay personas que están más comprometidas en las cosas de Dios y guardan de verdad sus mandamientos. Tienen una relación íntima con Él en oración, y sacan de su tiempo para congregarse y escuchar su Palabra. De ahí que podamos ver que a ellos les llegan más rápido las bendiciones.

Otros hemos sido más cabezas duras y hemos tomado malas decisiones. Por lo tanto, hemos alejado esas bendiciones.

Si queremos recibir bendiciones, debemos ser obedientes a Dios.

Recordemos también que los tiempos del Señor son perfectos y que hay oportunidades en la vida que no podemos dejar pasar.

¿A quiénes bendice Dios? ¡A todos sus hijos!

Espera tu bendición

La bendición de Jehová es la que enriquece, y no añade tristeza con ella.

Proverbios 10:22

Cada día que pasa puedo ser testigo de cómo mi amado Dios tiene muchas bendiciones separadas para nosotros. Lo que sucede es que a menudo colocamos nuestras expectativas y sueños en otras personas que quizá no nos ayuden a llevarlos a cabo. No se trata de que sean malas personas, sino que no son el canal de bendición que Él tiene para nosotros.

¿Cuántas veces te han ilusionado, te han prometido ayuda, y a la hora de la verdad nada de nada? Es verdad que se siente frustración y que hasta decimos: «No vuelvo a confiar en nadie».

Hay cosas que tú y yo debemos tener como una fórmula de vida y es que debemos aprender a identificar las cosas que vienen de parte de Dios, así como las personas que son canal de bendición.

Siempre debemos pedirle al Señor que nos guíe y nos muestre las cosas con claridad, a fin de que no nos confundan y, mucho menos, que nos engañen.

Es preferible que esperes tu bendición y saber que viene con la aprobación del cielo.

La bendición da felicidad, no tristeza

Tuya es, Señor, la salvación; ¡envía tu bendición sobre tu pueblo!

Salmo 3:8

Si volteas la página y vuelves a leer el versículo del devocional anterior, te darás cuenta que Dios afirma en su Palabra que su bendición enriquece y no añade tristeza.

Quizá esta sería una buena prueba para nosotros y así poder estar seguros de que lo que Él nos da es perfecto. Además, que Él es el único que conoce el tiempo en que nos debe dar sus bendiciones y que no se equivoca, pues las conoce desde la eternidad.

Es normal que tengamos sueños que se convertirán realidad y otros que no pasarán de ser sueños o caprichos que no están en los planes de Dios. Lo que sí te puedo garantizar es que lo mejor para nuestra vida son los sueños que nos da nuestro Padre celestial, ya que Él sabe lo que nos hará felices.

Aprendamos a esperar ese día en que llegue la bendición. Sentirás paz, gozo y un gran respaldo espiritual. Entonces, gozarás en verdad de ese regalo y te sentirás feliz.

Lo más hermoso de todo esto es que siempre Dios tratará de cumplir tus más profundos anhelos para verte feliz.

_____

_____

_____

_____

Perseguidos y atacados

*La hierba se seca y la flor se cae, pero la palabra
del Señor permanece para siempre.*

1 Pedro 1:24-25

¿Darías tu vida por Dios? Nuestra respuesta debería ser afirmativa, sin siquiera dudarlo. No obstante, si lo pensáramos mejor, ¿moriríamos por Él?

¿Sabías que ese mismo decreto de muerte se lo entregó Dios a su Hijo? Determinó que muriera por nosotros para darnos vida eterna y Él le obedeció. Así que murió para pagar nuestros pecados y salvar de ese modo a la humanidad.

¡Qué precio tan caro y tan grande! Lo que ocurre es que Dios veía más allá de los sufrimientos y, aunque sabía que sería doloroso, era un sacrificio a favor de sus hijos.

Si lo analizamos, toda la vida los cristianos han sufrido persecución y ataques. En el peor de los casos, los asesinan solo por seguir a Cristo. Según lo registra el Manual de Instrucciones, eso no dejará de pasar.

Cada vez podremos tener más oposición, más ataques, secuestros, torturas de pastores y misioneros, pues estamos en un mundo donde se levantan falsos profetas y mucha gente no sabrá a quién seguir. Sin embargo, recordemos que aunque las cosas de este mundo se pongan peor, la batalla ya se ganó. Tú y yo no debemos olvidar quién es Dios y lo que está escrito en la Biblia: «El cielo y la tierra pasarán, pero mis palabras jamás pasarán» (Mateo 24:35).

Así que no te canses de seguir a Jesús, ya que la recompensa está en los cielos.

Hay que pagar un precio

Ustedes fueron comprados por un precio; no se vuelvan esclavos de nadie.

1 Corintios 7:23

Para mí la llegada a este país hace treinta y dos años ha sido toda una experiencia. Lo he visto como la universidad de la vida donde me tocó aprender de todo un poco, desde ser mamá y esposa, hasta cocinar, trabajar y valerme por mi cuenta.

Podría decir que me tocó pagar un precio. Aunque fue muy duro y tuve que sacrificar muchas cosas que deseaba, lo que he vivido no lo cambio por nada. ¿Sabes por qué? Porque nunca debemos olvidar de dónde nos sacó Dios. Porque aprendemos a valorar lo que tenemos. Es una manera de mantenernos más enfocados y con los pies en la tierra. Lo que es más importante... ¡ser agradecidos!

Es mejor adquirir poco a poco las cosas, a que Dios nos lo dé todo de una vez, pues lo más seguro es que nos llenemos de orgullo y se nos olvide quién es el Rey de reyes.

No te quejes más de lo que estás viviendo en el lugar donde te encuentras. Si te tocó regresar a tu tierra y esos no eran tus planes, da GRACIAS porque quizá te guardara de algo. Si estás en los Estados Unidos, pero la situación no pinta bien para ti, piensa que Dios es el que te sostendrá siempre.

A las alturas

*El Señor es mi fortaleza, el cual hace mis pies como
de ciervas, y en mis alturas me hace andar.*

Habacuc 3:19, RV-60

Hoy quiero desafiarte a dejar todo pensamiento negativo que tienes de ti mismo.

Es tiempo de sacudirse y dejar atrás lo que el enemigo y otras personas han puesto en tu mente y que te lo has creído.

Es día de renunciar a la mentira, y es día de reconocer que eres un vencedor y un hijo de Dios. ¡Abandona las máscaras!

No importa qué tipo de vida tuvieras antes de llegar a Cristo. Una vez que recibes a Jesús en tu corazón y te arrepientes de tus pecados, la Palabra nos dice que nos convertimos en nuevas criaturas. Al ser nuevas criaturas, debemos aprender a ver la vida de otra manera. Debemos aprender a ver las cosas desde otro ángulo.

No sigamos teniendo compasión de nosotros, ya que Dios no nos ve así. Al contrario, Él nos ve como cabeza y no cola. Nos ve en lo alto y no abajo.

Dios quiere llevarnos a nuevas alturas, a nuevas dimensiones.

Oración por afirmación

Todo lo puedo en Cristo que me fortalece.
Filipenses 4:13

Señor Jesús:

Te doy gracias por este nuevo día. Quiero agradecerte también que he podido comprender que tienes tu mirada puesta en mí y que me ves como un ser de bendición.

Gracias por perdonar mis pecados y por olvidar mis faltas.

Ayúdame, oh Dios, a estar firme en ti y a ver las cosas de otra manera.

Necesito que me ayudes a restablecer mi autoestima y verme como me ves tú.

No permitas que nada ni nadie me robe la tranquilidad, la paz y el gozo.

Afirma mi vida, Jesús, en ti. Quiero agradarte y ser canal de bendición para otros.

Señor, fortalece mi vida, mi corazón, mi alma y todo mi ser.

En el nombre de Jesús, amén y amén.

Notas

Estancamiento general

Ensancha el sitio de tu tienda, y las cortinas de tus habitaciones sean extendidas; no seas escasa; alarga tus cuerdas, y refuerza tus estacas.

Isaías 54:2, RV-60

¿Estás viviendo una etapa en la cual te has estancado? ¿Te parece que no te encuentras en ninguna parte y a veces sientes que se te une el cielo con la tierra? ¿Que te agobian los problemas familiares o la falta de trabajo? ¿Que tratas de servir en la iglesia pero como que tampoco te llena?

Quiero decirte que es válido sentirte de esa manera. Lo que no es válido es quedarse en esa condición.

Siempre he visto que nuestra vida está llena de ciclos que deben cerrarse. Así que le debemos dar la oportunidad a Dios para tener nuevos comienzos cuando no cerramos esos círculos de relaciones inconclusas o proyectos que empezaron, pero que nunca terminaron. Hasta en el servicio a Dios tenemos ciclos y eso nos lleva a nuevas etapas.

Dios muchas veces permite que nos sintamos así, porque quiere sacarnos de nuestra zona de comodidad y llevarnos a otras experiencias. La pregunta que cabe es la siguiente: ¿Qué pasa si nos provoca estas molestias? Lo más probable es que nos quedemos quietos y no tomemos ninguna decisión de crecer.

Por lo tanto, realiza cambios radicales que vayan de la mano de nuestro Dios y verás que tendrás la garantía de una vida llena de éxito.

Días de preparación

Toda la Escritura es inspirada por Dios, y útil para enseñar [...] a fin de que el hombre de Dios sea perfecto, enteramente preparado para toda buena obra.

2 Timoteo 3:16-17, RV-60

Si estás buscando un cambio en tu vida, y en especial le has pedido a Dios que te dé una oportunidad para cambiar, servir y cumplir con un llamado, piensa que Dios escucha con mucha seriedad tus peticiones. Por eso, va a empezar a dirigir tu vida de tal forma que te irá llevando a dejar cosas, a tomar decisiones muy duras para ti, pero que serán necesarias para los planes que tienes. Conozco personas que han hecho pactos con Dios y han dejado sus trabajos seculares que no honraban su nombre y han buscado algo que vaya de acuerdo a su estilo de vida.

¿Sabes lo que pasa a veces? Parecemos muy espirituales y nos dejamos llevar por las emociones. Le decimos al Señor: «Quiero ser misionero, quiero ser pastor y vivir para ti».

«Perfecto», dice Dios. «¿Estás dispuesto a dejarlo todo por mí? ¿Dejarías ese trabajo que te da buen dinero, pero te roba tiempo con tu familia? ¿O estás listo para ser misionero dejando tu familia y viajando a lugares en los que quizá no tengas una cama donde dormir y la comida no sea la más apetitosa?».

El servicio a Dios tiene un precio, así como sacrificios que afrontar. Sin embargo, la gran verdad es que si Dios te llama, te capacita y prepara. Creo que ya te lo dije, pero lo repito ahora: Así como los soldados van a la guerra, pero antes necesitan preparación física y entrenamientos muy fuertes, igual sucede con nosotros. Dios necesita prepararnos para darnos lo que anhelamos.

Hay un mañana

Vivirás tranquilo, porque hay esperanza;
estarás protegido y dormirás confiado.

Job 11:18

Hace un tiempo, veía en la televisión un programa que se llamaba «Atrapado en la frustración».

Me llamó mucho la atención que las imágenes que mostraban la representación de ese título fueran de personas atadas, amarradas y desesperadas por ser libres, pero que no podían lograrlo. En ese programa presentaban gente de todo tipo que estaba frustrada por los trabajos que tenía, por las drogas y por muchas otras situaciones.

La vida en la que vivimos está llena de trampas, traiciones y adicciones que van atando a la gente de tal manera que a veces caen sin imaginarlo siquiera.

¿Sabes? De seguro que contrario a lo que piensa mucha gente, yo le daba gracias a Dios por mi libertad, por la felicidad de poder trabajar en lo que me gusta y sentirme absolutamente llena en Jesús.

Hoy quiero invitarte a conocer al Dador de la libertad. Quiero decirte que la voluntad de nuestro Padre no es que vivas atrapado y sin salida. Al contrario, Él quiere que seas libre, y quiere romper todas esas frustraciones y ataduras en el nombre de Jesús.

Dale la oportunidad a Cristo de transformar tu vida y así poder declarar de todo corazón: «Soy libre en Jesús».

Dios toca a tu puerta

He aquí, yo estoy a la puerta y llamo; si alguno oye mi voz y abre la puerta, entraré a él, y cenaré con él, y él conmigo.

Apocalipsis 3:20, RV-60

Cuando analizamos la frase «Dios toca a la puerta», de inmediato pensamos en su significado según la Palabra y lo que representa: El toque del Señor a la puerta de nuestro corazón.

A pesar de que Dios es el único que nos conoce de manera profunda y sabe todas las cosas que cometemos, Él no toma represalias en nuestra contra. Por el contrario, toca a nuestra puerta a fin de darnos salvación y guiarnos si nos desviamos o andamos en malos caminos.

Siempre tenemos varias oportunidades de cambiar y de enderezar nuestros caminos. A decir verdad, nuestro Padre quiere que las aprovechemos con su ayuda y que lo hagamos a tiempo, no cuando toquemos fondo o la situación sea preocupante en realidad.

Hoy es tu día. Así que renuncia a todo lo que te aleja de Dios. Además, pídele que te guíe para hacer su voluntad.

_____

_____

_____

_____

Dominio propio

Porque no nos ha dado Dios espíritu de cobardía,
sino de poder, de amor y de dominio propio.

2 Timoteo 1:7, RV-60

Creo que lo más difícil para cualquier ser humano es el dominio propio. Es decir, controlar los deseos, las cosas nocivas y las que más nos gustan. Por diferentes causas, y debido a que somos débiles, no tenemos una razón por la cual renunciar a algo que no es bueno para nosotros.

También es posible que el problema esté en que no tengamos motivación para hacer cambios. Sin embargo, cuando tenemos temor de Dios, esa lucha se hace aún más difícil porque queremos cumplirle. Entonces, si le fallamos, nos sentimos muy mal con Él.

Déjame aclararte el que el domino propio no necesariamente es útil para abandonar una falta grave. Puede ayudarnos en otras cosas como trabajar en exceso, comer sin control, fumar, beber y descuidar a la familia. Asimismo, es conveniente para la gente que va al gimnasio, pero no por salud ni por deporte, sino porque idolatra su cuerpo. En fin, el dominio propio les resulta provechoso también a los compradores compulsivos y a los malos administradores del dinero.

Todos estos ejemplos que menciono quizá te identifiquen y no es que seas una mala persona, ni que te desprecie Dios. Todo lo contrario. Dios es tu Padre y te ama. A Él le interesa que seas feliz y una persona equilibrada en todo lo que haces.

Así que ahora quiero hacerte la pregunta del millón: «¿Cómo lo logras?». Depende de ti, pues si quieres ver un cambio, la oración es más que suficiente para respaldar tu decisión.

Oración por dominio propio

Dios [...] nos enseña a rechazar la impiedad y las pasiones mundanas. Así podremos vivir en este mundo con justicia, piedad y dominio propio.

Tito 2:11-12

Padre de la gloria:

Me presento delante de ti para darte gracias por un nuevo día. Para reconocerte como el Dios de mi vida.

¡Oh, Señor, cuánto te necesita mi alma!

Hoy, mi Dios, me hace falta tu intervención milagrosa, ya que mi carácter es débil y me resulta difícil tener dominio propio.

Muchas veces me he prometido cambiar y dejar los malos hábitos, pero vuelvo a recaer o incluso a fallar.

Por eso, mi Señor, en este día vengo ante ti para hacer un pacto contigo, pues sé que solo con tu ayuda saldré adelante.

Dios mío, hoy te entrego el hábito de _____ (escribe el tuyo) y te prometo que me esforzaré al máximo para no fallarte.

Gracias, mi Dios, porque sé que cuento contigo. Tú me darás la fuerza que necesito y podré dar testimonio de tu poder.

En el nombre de Jesús, amén y amén.

Poder transformador de la Palabra

La palabra de Dios es viva y poderosa,
y más cortante que cualquier espada de dos filos.

Hechos 4:12

A manera de testimonio te puedo dar fe de que no soy ni la mitad de lo que fui antes de conocer la Palabra de Dios.

Como a muchos, me gusta decir que la Biblia es el Manual de Instrucciones porque eso es en realidad: Un manual que te muestra con hechos que la Palabra de Dios tiene mucho poder para sanar, liberar y transformar.

Una vez que hablamos de la Palabra, la leemos o la enseñamos, no volverá vacía. Por eso se compara con una espada de dos filos, pues corta y transforma.

Cada día podemos acudir a esta guía y nos mostrará cómo cambiar esas esferas de la vida que necesitan la intervención de Dios, al igual que lo fue con grandes hombres y mujeres de la Biblia.

Otra cosa que debemos tener muy presente es que la Palabra de Dios nunca pierde poder ni vigencia. En fin, todo pasará, pero la Palabra no pasará.

Confíale tu vida a Dios y pon en sus manos todo lo que necesite cambio.

Padres con hijos especiales

*Yo proclamaré el decreto del Señor: «Tú eres mi hijo»,
me ha dicho; «hoy mismo te he engendrado.*

Salmo 2:7

Este devocional tiene la petición de una oyente que me habló de sus tres hermosos hijos de los que una era especial, pues tiene retraso mental. Además, me comentó que en la radio, y en general, casi nunca hablamos de la lucha que tienen los padres, ni de los momentos tan difíciles por los que tienen que pasar, sin contar los sacrificios, las tristezas y el dolor.

Si ese es tu caso, quiero decirte que eres privilegiado, porque desde la eternidad Dios sabía que podía contar contigo para que criaras ese hijo especial que tanto amas. Así que tienes esa cualidad tan necesaria, que otros no poseen, para este tipo de crianza.

En este día quiero levantar tus brazos cansados y decirte que en cada noche sin dormir Dios ha estado contigo. Él ha secado tus lágrimas y ha sido el que te ha dado la fortaleza cuando pensaste que no podrías con esa situación en tu vida.

No te desesperes. Piensa que todo lo que hagas por ese hijo vale la pena y que Dios desde el cielo te recompensará.

No te rindas. Recuerda que aunque esa princesa no se comporte como las demás o ese príncipe tenga dificultades en su desarrollo, es también un hijo de Dios, y Él lo guardará y cuidará.

Por más fuerte que sea esta prueba, mi consejo es que nunca juzgues a Dios, pues Él es soberano.

¿Qué declaras sobre ti?

*Dios nos ha entregado sus preciosas y magníficas promesas para
que [...] lleguen a tener parte en la naturaleza divina.*

2 Pedro 1:4

Durante estos devocionales hemos analizado que las palabras tienen poder y nosotros somos el resultado de lo que hablamos y de lo que comemos en cuanto respecta a la salud.

Dios tiene trazado nuestro futuro, pero a veces no vemos esas cosas. A menudo, esto se debe a que estamos desenfocados o a que NO creemos en nosotros mismos para lograrlo. Es posible que pensemos que el éxito es para otros y cometamos el error más común y determinante en la parte espiritual: Hablamos sin pensar y decimos lo peor de nosotros mismos. Entonces, todo lo que declaramos sobre nuestra vida toma valor debido al poder que tienen las palabras.

Recuerda que el enemigo, Satanás, no quiere que tú triunfes. Al contrario, está interesado en tu fracaso. A mí me costó un tiempo entender este principio y, mediante la Biblia, comprobé que con nuestras palabras podemos declarar bendición o maldición.

Ahora te pregunto: «¿Qué prefieres?». Es hora de soltar todo tu pasado. Si en otra época te ataste con tus palabras, hoy Dios te da la oportunidad de ser libre y hacer lo opuesto.

A fin de alcanzarlo, empieza a declarar lo siguiente: «Soy un hijo de Dios. Soy un vencedor. Todo lo puedo en Cristo que me fortalece. Ninguna arma forjada contra mí prosperará. Soy sano. Soy libre. Soy una nueva criatura».

¿Qué declaras sobre los tuyos?

Cada uno cosecha lo que siembra [...] Por lo tanto, siempre
que tengamos la oportunidad, hagamos bien a todos.

Gálatas 6:7, 10

Si leíste el devocional anterior, sabes que hablamos de la importancia de declarar cosas positivas sobre nuestra vida y tomar como nuestras las promesas que Dios nos dejó en el Manual de Instrucciones. No obstante, así como es importante para nosotros, también es importante hacerlo para los nuestros. ¿Qué cosas dices de tu cónyuge, tus hijos y tu familia?

Un gravísimo error es lo que declaramos sobre la vida de nuestros hijos. Con nuestras palabras necias atamos a los hijos con cosas terribles como estas: «Eres un tonto. No sabes hacer nada. Eres un inútil y un bruto». No tienes idea del daño y el efecto que traerán esas palabras sobre su vida. Llega a un punto que hasta se las creen. Y lo estarás atando con esas declaraciones de por vida.

¿Cómo eres con tu esposa? ¿La humillas, la insultas o la maltratas de palabras? Hoy Dios te dice que el que toca a uno de sus hijos toca a la niña de sus ojos (lee Zacarías 2:8). Cuando se daña a un hijo de Dios, es como si se lo hicieran a Él. ¿Te imaginas? También, mujeres, ¿qué declaramos sobre los esposos? ¿Los humillamos, los insultamos, los maldecimos? Recordemos que nuestros esposos son la cabeza del hogar. Pensemos antes de hablar y reconozcamos que todo lo que sembramos eso mismo cosecharemos.

Oración por perdón

Ten compasión de mí, oh Dios, conforme a tu gran amor [...] Lávame de toda mi maldad y límpiame de mi pecado.

Marcos 10:45

Padre:

Gracias por tu presencia en mi vida.

Vengo ante ti porque quiero reconocer que he sido una persona negativa y me he dejado llevar por esa manera de ser tan dañina. No solo les he hecho daño a los demás, sino a mí mismo. He afligido a los seres más queridos con palabras que han salido de mi boca, con las que he maldecido sus vidas, los he humillado y, sobre todo, te he faltado a ti.

Señor, te pido que me ayudes y me des la fuerza para pedirle perdón a cada uno de los que les he faltado al debido respeto y les he atado con mis palabras.

Dios mío, permite que puedan perdonarme, y cancela con tu poder cualquier maldición o atadura declarada sobre sus vidas.

Gracias por abrir mi entendimiento y mostrarme mis errores.

Me comprometo, Jesús, a cuidar mis palabras y a callar aun cuando no me guste algo.

Bendice mi vida, bendice a mi familia, a mis hijos y a mi cónyuge. Dame el favor y la gracia para restaurar las relaciones con mis seres queridos.

Te lo pido con todo mi corazón.

Amén y amén.

No me gusta el espejo

En cuanto a mí, veré tu rostro en justicia; estaré
satisfecho cuando despierte a tu semejanza.

Salmo 17:15, RV-60

Parece extraño, pero es verdad. Hay personas que no son muy amigas del espejo.

Un día iba en el auto con mi princesa Niki y me dijo: «No me gusta ese espejo». Se refería al espejo que está arriba del asiento del pasajero. Así que le pregunté: «¿Por qué dices eso, mami?». A lo que me contestó con sinceridad: «Porque me muestra todo lo que tengo». En esos días, había estado con una gripe terrible y tenía ojeras. De inmediato, saqué una hojita y escribí la idea, pues va más allá de lo que imaginamos, sobre todo en el ámbito espiritual.

El espejo se menciona en seis versículos de la Biblia y, a decir verdad, tiene sentido lo que he escuchado: «Los ojos son el espejo del alma».

Hay espejos en los que nos vemos de tamaño regular, pero hay otros que vienen con aumento y esos nos muestran los mínimos detalles de la cara. Esos no me gustan. Otros espejos distorsionan la imagen y, por lo general, los vemos en las ferias porque es divertido. En cambio, ¡qué importante es el espejo! Te muestra tal como eres y prevé cualquier molestia... ¡ya sabes a lo que me refiero!

Sé que a veces lo que vemos en el espejo puede decidir nuestro estado de ánimo. Quizá se trate de unas libras de más o algunas de menos. Pensemos que del mismo modo que el espejo nos muestra cómo somos, también nuestra vida debería ser un espejo para otros. Es decir, que quienes nos vean quieran ser iguales a nosotros porque reflejemos a Jesucristo.

¿Qué reflejamos?

Todos nosotros, que con el rostro descubierto reflejamos como en un espejo la gloria del Señor, somos transformados a su semejanza con más y más gloria.

2 Corintios 3:18

¿Podemos decir que reflejamos a Jesús? Me gustaría mucho decir que reflejo a Jesús al cien por cien, pero sería una enorme desfachatez de mi parte. Estoy muy llena de defectos y debilidades que no sería justa con mi Dios. Sin embargo, su anhelo es que alcancemos la estatura del varón perfecto, ¡pero cuán lejos estamos de esto!

Nuestro Padre dice en su Palabra que nos hizo a su imagen y semejanza, pero hemos distorsionado ese concepto con el pecado. Así que me enternece mucho cuando en el Manual de Instrucciones dice que Él nos ve limpios y sin manchas después del perdón de nuestros pecados. De ahí que cada uno de nosotros deba reflexionar de manera individual, y desde el punto de vista espiritual, la clase de espejo que somos y lo que reflejamos.

¿Está nuestro espejo opaco y por más que le echas los mejores líquidos limpiadores siempre se ve así? ¿Está nuestro espejo tan manchado que aunque lo limpies le sigues viendo la mancha? ¿O está nuestro espejo roto y no lo limpias porque sabes que se ve deteriorado y feo?

En este día quiero que recuerdes que aunque tu vida esté opaca por tu pasado, manchada por el pecado o rota, porque crees que ya no tiene valor, Jesucristo te dice que Él murió por ti para limpiar y restaurar tu vida, y que ya nunca más serás el mismo. Por eso, Jesús te da la oportunidad de un nuevo comienzo a fin de que seas reflejo de su amor.

La infidelidad... enemiga del amor

Mis ojos pondré en los fieles de la tierra, para que estén conmigo;
el que ande en el camino de la perfección, este me servirá.

Salmo 101:6, RV-60

La infidelidad es enemiga del amor y un cuchillo que corta el alma. Por eso, Dios quiere que enderecemos nuestros caminos. Es triste que haya personas que tengan ese tipo de experiencia, ya sea por su traición o porque las traicionen. Dios ve la infidelidad como pecado y la cataloga por igual tanto en el hombre como en la mujer. Por tradición, el hombre siempre ha sido más infiel, pero hoy en día las mujeres también tienen altos índices en este aspecto. Además, es tan fuerte que hasta son capaces de dejar a sus hijos y vivir una aventura.

La infidelidad es la peor decisión que podamos tomar. Tiene consecuencias muy dolorosas y te deja un vacío que solo puede llenar Dios con su perdón. No vale la pena arriesgar lo que tienes por unos momentos de placer, pues después la soledad y la culpabilidad serán tus compañeros.

Dios quiere enderezar tu camino y desea que valores el cónyuge que te ha dado. Y si no tienes pareja, tampoco tienes derecho a la ajena. En mi caso, el Señor me llevó por un proceso de restauración tan doloroso que aprendí la lección, pero no me salvé de vivir las consecuencias.

Por eso te invito a que rompas hoy con esa relación. Pídele a Dios que te perdone y te dé una nueva vida. No siembres en los demás lo que no quisieras vivir en ti ni en tus hijos. La infidelidad te lleva a la muerte espiritual.

_____

_____

_____

La infidelidad

El que lleva a los justos por el mal camino, caerá en su propia trampa;
pero los íntegros heredarán el bien.

Proverbios 28:10

Hombres, la infidelidad no es una moda ni los hace más hombres. Por el contrario, los hace más cobardes.

Para los hombres que no tienen una vida espiritual sana, les cuesta mucho entender que debes ser hombre de una sola mujer. Aunque el mundo te tilde de tonto, esa es la voluntad de nuestro Dios. Por eso la fidelidad es la más hermosa cualidad y virtud que pueda tener un hijo de Dios.

¿Has pensado qué haría Jesús si lo hubieran tentado con la infidelidad? ¡Hubiera huido, ya que fue íntegro en todo!

Si quieres cambiar tu vida, debes dejar atrás el pecado de la infidelidad que desgracia tu vida y la de tu familia. El Manual de Instrucciones habla con dureza de las consecuencias. Recuerda lo que se declara en Romanos 6:23: «La paga del pecado es muerte». No te hablo de la muerte natural, sino de la muerte espiritual que pone un abismo entre Dios y tú, te aparta de su protección y te lleva a tocar fondo.

No es más hombre el que tiene más mujeres. Es más hombre el que solo tiene una. Si tienes más de una mujer, recapacita y permite que Dios te libere de esta doble vida. Renuncia a esa relación y arrepiéntete de corazón. Dios, que es un Padre de oportunidades, restaurará tu vida.

Recuerda que la verdadera vida no está en la tierra. La verdadera vida está cuando partamos de este mundo y tengamos que rendirle cuentas a Dios por lo que hicimos con nuestra vida y nuestros hogares.

Oración por fidelidad

Amen al Señor, todos sus fieles; él protege a los dignos de confianza.

Marcos 10:45

Dios mío:

¡Qué claro eres en tu Palabra! Sin embargo, ¡qué necios somos! Por eso caemos con facilidad en las redes de Satanás que nos presenta todo llamativo y agradable. Entonces, a la larga, viene el final tan amargo por nuestras equivocaciones.

Señor, tú creaste el matrimonio y estableciste como mandamiento la fidelidad, a fin de que seamos felices y bendecidos.

Ayúdanos, Padre, a tener nuestra mirada puesta en ti y a huir de la tentación.

Danos tanto el querer como el hacer, y pon en cada uno de nosotros un nuevo amor por nuestros cónyuges.

Perdóname, mi Dios, y restaura mi vida. Dame la oportunidad de reconocer mi falta y recuperar mi matrimonio.

También te pido que me guardes de la amarga experiencia de la infidelidad y de todo peligro. No me dejes caer en tentación y líbrame del mal, de modo que sea capaz de cumplir el pacto de fidelidad que hice en el altar.

En el nombre de Jesús, amén y amén.

La pereza

Perezoso, ¿hasta cuándo has de dormir? [...] Así vendrá tu necesidad
como caminante, y tu pobreza como hombre armado.

Proverbios 6:9-11, RV-60

Una cosa es pasar el rato, que por cierto es muy agradable, y otra muy diferente es ser perezoso. La pereza no habla lo mejor de nosotros, ya que es como una carta de presentación.

Aparte de lo que puede afectar en tu trabajo y te dé mala fama, quizá no te tengan en cuenta para cosas que te gustarían. Incluso, me atrevería a decir que es fatal para tu casa.

En lo personal, no podría estar al lado de un esposo perezoso. ¡Qué terrible es que nosotras como mujeres, que debemos tener el respaldo de nuestra pareja, nos toque hacerlo «todo» porque no podamos contar con él debido a que siempre está dormido o a que todo le dé pereza! Tal vez para algunos les resulte extraño saber que Dios hable en la Biblia de esta condición.

El libro de Proverbios nos pone como ejemplo el insecto más organizado y trabajador: La hormiga. ¿Sabías que la hormiga prepara su comida en el verano y recoge en el tiempo de la siega su mantenimiento? Sus caminos son organizados a pesar de que no tienen gobernador, ni señor.

¿Tú necesitas un jefe para trabajar y hacer las cosas con excelencia? Si eres ese tipo de persona que le cuesta ser activo y cumplir con sus obligaciones, piensa que Dios te está observando y no hay nada más gratificante que todo lo que hagamos sea como para el Señor.

Las cosas fluyen de Dios

*Que el Señor, Dios de Israel, bajo cuyas alas has
venido a refugiarte, te lo pague con creces.*

Rut 2:12

Amigos, ¡qué hermoso e importante es que Dios se involucre en nuestra vida! Aunque no lo veamos, Él se preocupa de nuestras cosas y le interesa favorecernos, guiarnos y ayudarnos.

De seguro has vivido situaciones en las que crees que Dios está en el asunto. Entonces, las cosas no se dan como esperabas y todo cambia de repente. Así que te sientes triste, derrotado y desconsolado. Lo que es peor, muchas veces ponemos nuestra confianza en nosotros mismos, o en otra persona, y nos frustramos.

Algo que he aplicado para mi propia tranquilidad es que todo lo que anhele y lo que quiera emprender debe llevar el sello de respaldo de mi Jesús. He comprobado que cuando las cosas son de Dios, fluyen con facilidad y se abren puertas. Es más, hay respaldo y bendición en medio de lo que hacemos.

Esto también se ajusta a nuestra vida espiritual, emocional y laboral. Por eso debemos entender que cuando las cosas se hacen realidad, son de Dios y serán duraderas. Las cosas de Dios son eternas...

Todo lo que emprendas y todas las decisiones que tengas que tomar ponlas en manos del Señor.

Acércate a Él

Acérquense a Dios, y él se acercará a ustedes. ¡Pecadores, limpien sus manos! ¡Ustedes los inconstantes, purifiquen su corazón!

Santiago 4:8

Cada día recibo correos electrónicos donde los oyentes me expresan que quieren un cambio en sus vidas y desean buscar a Dios para encontrar respuesta a sus necesidades. Yo le agradezco a Dios por ese privilegio de servirles de inspiración a fin de que pueda hablarles de lo que me cambió la vida.

Mi vida es Jesús y tal vez parezca que soy religiosa o fanática, pero nada de eso es verdad. He vivido la vida con Cristo y sin Él. Así que con toda certeza puedo dar testimonio de cómo Dios me alcanzó, me rescató y me perdonó.

Al cambiar mi vida, también les pude dar un mejor ejemplo a mis princesas, que son mi vida. Te lo digo con todo mi corazón: ¡Vale la pena acercarse a Él! Cuando lo hacemos, le permitimos que obre en nuestra vida, que haga suyos nuestros problemas y que nos dé una salida para cada uno de ellos.

Dios te ama y te dice: «Ven, no te resistas. No sigas tratando de vivir la vida a tu manera. Ven, porque deseo bendecir tu vida, cambiarla y darte lo que tengo preparado para ti».

Acercarte al Padre es como volver a tus orígenes. Es volver a su manto, a su protección, donde estarás seguro, tranquilo y en paz. Deja el orgullo y búscale con un corazón arrepentido y dispuesto a dejarte llevar al taller del Maestro. En ese taller, Él pulirá tu vida, limará tus partes ásperas y te colocará a altas temperaturas. Entonces, cuando salgas de allí, serás una persona nueva y hermosa.

Influye con amor

*Alégrense y llénense de júbilo, porque les espera
una gran recompensa en el cielo.*

Mateo 5:12

Nosotros no estamos en este mundo para impresionar a nadie, mucho menos para impresionar a Dios. Estamos en este mundo con un propósito específico. ¡Qué bueno sería que cada uno lo pueda encontrar como es debido!

Durante años, sobre todo en la adolescencia, es común preguntarse: «¿Qué hago en este mundo? ¿Por qué estoy aquí?». Yo también me lo pregunté y nunca hubo respuestas, al menos una que me convenciera. No fue hasta que conocí de Jesús que pude entender mi propósito y trato de cumplirlo al pie de la letra.

Hace años surgió un deseo en un sinnúmero de personas por conocer el propósito de Dios para su vida. Entonces, con el libro *Una vida con propósito*, de Rick Warren, muchos lo entendieron. Este libro en seguida rompió récords de venta y, aún hoy, sigue siendo uno de los más vendidos. ¡Qué cantidad de testimonios llegó a mis oídos! La gente me decía, y me sigue diciendo, que ese libro transformó su vida.

Gracias le doy a Dios por libros como ese que llevan la verdad clara y directa que transforman vidas. Quizá tú aún no lo hayas leído y estés en esa búsqueda, pues te lo recomiendo. Tú y yo también debemos llevarle la Palabra a toda criatura de modo que encuentre el verdadero propósito para su vida. Así que proclamemos su mensaje con el amor y la misericordia que solo encontramos en Dios.

¿Qué estás haciendo para influir en otros? Recuerda que tu premio no está en la tierra, sino en el cielo.

La risa alegra tu vida

Nuestra boca se llenó de risas; nuestra lengua, de canciones jubilosas.

Salmo 126:2

Si supiéramos a ciencia cierta lo que ocasiona la risa en nuestro cuerpo, los muchos músculos de la cara que se activan y el beneficio que hace en el alma, creo que reiríamos más a menudo.

Yo me considero una persona muy feliz y muy alegre. Me fascina reírme, y sé que esa alegría se contagia a otras personas que viven tristes por sus problemas. Además, tengo el privilegio y el hermoso trabajo en la radio de llevar positivismo y motivación a mis oyentes.

Tú también puedes hacer lo mismo que yo. Puedes alegrarte y llenarte de júbilo, como dice la Palabra, pues Dios te da la fortaleza para ver tus problemas de otra manera. No en vano la Biblia dice que «el corazón alegre hermosea el rostro» (Proverbios 15:13, RV-60).

Si hablamos del amor de Dios, no debemos destilar amargura, odio, mal genio, ni tampoco soberbia. Hay personas que su misma frustración les roba la sonrisa de sus labios. Tampoco es justo contigo mismo consumirte en la tristeza y el dolor.

Sé que hay tiempo de llorar y tiempo de reír, pero es obvio que no debemos llevarlo a los extremos. También hay un cierto tipo de risa burlona que hace daño y la Palabra le llama a esto «vanidad».

Dios es Dios de nuevos comienzos. Así que hoy Él quiere devolverte la alegría y endulzar tu vida. ¡No pases por alto esa oportunidad!

La ira

> «Si se enojan, no pequen». No dejen que el sol se ponga
> estando aún enojados, ni den cabida al diablo.
>
> Efesios 4:26-27

La gente necia «da rienda suelta a su ira», tal y como lo dice Proverbios 29:11.

Entendemos que hay diferentes temperamentos y tenemos visibles reacciones a momentos específicos. Creo que estar de mal humor de vez en cuando es normal, lo que no debemos es ser iracundos. Todo el mundo rechaza a la persona iracunda por ser muy problemática.

¿Quién desea tener un amigo, un cónyuge, un pastor, un médico, un maestro, un hijo o un padre iracundo? ¡Eso es terrible! Una persona explosiva te puede sorprender en cualquier instante y casi siempre termina involucrado en más de un problema. Ni siquiera es aconsejable unirse a personas así, porque terminas lastimado.

Si tu cónyuge se enoja con facilidad, debes orar por un milagro. Claro, mientras no corra peligro tu vida ni la vida de tus hijos. Solo Dios puede transformar semejante persona.

También la Biblia les aconseja a los padres que «no hagan enojar a sus hijos» (Efesios 6:4). Sé que a veces los padres podemos desesperar a nuestros hijos, ya sea controlándolos, lastimándolos o insultándolos, y esta es una advertencia que nos hace Dios.

Tú y yo podemos cambiar y entregarle esta esfera de nuestra vida a Dios, quien puede hacer la obra. Él es el único que puede darnos domino propio y poner en nosotros tanto el querer como el hacer.

Oración por cambios de vida

Quien encubre su pecado jamás prospera; quien lo confiesa y lo deja, halla perdón. ¡Dichoso el que siempre teme al Señor!

Salmo 28:13-14

Señor Jesús:

Gracias por este nuevo día y por tu amor y paciencia para conmigo. Hoy, mi Dios, confieso que necesito tener cambios radicales en mi vida. Sé que muchas cosas de mi carácter y de mi temperamento me están ocasionando situaciones incómodas que se me van de las manos, y me causan más problemas con mis seres queridos y las personas que me rodean.

Por eso, Señor, necesito que me ayudes a cambiar. Estoy dispuesto a entregarme a ti y permitir que obres en mi vida.

Acudo a tu misericordia que es nueva cada día, porque ya no puedo más.

Te pido perdón por mis pecados y quedo en tus manos, mi Jesús.

Limpia mi vida, hazme de nuevo, y concédeme que logre restablecer las relaciones con mi familia y me puedan perdonar.

Te lo suplico en el nombre de tu Hijo, Jesucristo.

Amén y amén.

Los deseos de Dios

Ante ti, Señor, están todos mis deseos; no te son un secreto mis anhelos.

Salmo 38:9

Dicen que en veintiún días algo que hacemos se convierte en hábito. Así que al buscar palabra que Dios pusiera en mi corazón para cada uno de nosotros este año, encontré veintiún deseos específicos, o principios de vida, que Dios espera de nosotros. Muchos de estos los hemos escuchado, repetido y practicado. Sin embargo, lo más importante es que cada uno de los que amamos a Dios queremos conocerle, agradarle y hacer su voluntad.

Durante los próximos veintiún días reflexionaremos en esos deseos y principios de vida, y estoy segura que Dios abrirá nuestro entendimiento, a fin de que logremos comprender mejor su Palabra y su corazón.

Dios mío, ayúdanos a comprender tu Palabra. Danos sabiduría y permite que cada uno de nosotros reciba la instrucción y la preparación de modo que seamos capaces de vivir como tú esperas. Que con palabras sencillas comprendamos la bendición de ser obedientes.

Señor Jesús, entregamos en tus manos estos próximos días que combinaremos con oración y ayuno.

Amén y amén.

La sal de la tierra

Ustedes son la sal de la tierra. Pero si la sal se vuelve insípida, ¿cómo recobrará su sabor? Ya no sirve para nada.

Mateo 5:13

La frase «la sal de la tierra» siempre me pareció un tanto extraña. Incluso, cuando llegué a los caminos de Dios, no entendía por qué en su Palabra se decía que somos la sal de la tierra. Más tarde, Dios mismo me dio la manera más sencilla y fácil de entenderla y practicarla.

La sal es un ingrediente clave para darle sabor a la comida, pero tiene un especial cuidado: Debe tener un término ideal para sazonar y no para salar. ¿Quién resiste la comida salada?

La Palabra dice que en los tiempos de Jesús la sal venía del Mar Muerto y estaba llena de impurezas, de modo que perdía algo de su sabor. Es posible que digas: «¿Qué tiene que ver esto con mi vida espiritual?».

Pues bien, Dios nos compara con la sal de la tierra porque tenemos esa preciosa labor de darles sabor con su Palabra a los que no conocen a Jesús. Por otro lado, a nosotros nos sucede lo mismo que a la sal con impurezas que se utilizaba en Israel. Por eso necesitamos ser puros para darles ejemplo a otros. Además, si nos enfriamos en la Palabra y nos volvemos insípidos, ¿cómo daremos sabor?

La luz del mundo

*Así alumbre vuestra luz delante de los hombres, para que vean vuestras
buenas obras, y glorifiquen a vuestro Padre que está en los cielos.*

Mateo 5:16, RV-60

El deseo de Dios es que nosotros seamos luz del mundo. De ahí que
nuestra vida se compare con una lámpara que alumbra a los demás. Sin
embargo, para poder alumbrar debemos estar llenos y cargados de Dios y de
su Palabra para servir de ejemplo a otras personas.

En la época de Cristo se utilizaban lámparas pequeñas de arcilla en las
que se quemaba aceite de oliva. Sin aceite, no prendían. Y si nuestra lámpara no está llena de Dios, será muy difícil alumbrar a los demás. A veces
tenemos una vida tan fría con Dios que lo más probable es que, a mitad del
camino, también nos quedemos sin luz.

Pidámosle a Dios que nos llene hoy de su amor, que podamos tomar
ese hábito de leer la Biblia y de ese modo ser la luz del mundo, tal y como
lo dejó escrito en su Palabra.

Jesús y la ley

Les aseguro que mientras existan el cielo y la tierra, ni una letra ni una
tilde de la ley desaparecerán hasta que todo se haya cumplido.

Mateo 5:18

Me gusta mucho que fuera el mismo Dios el que estableciera la ley y que dijera que la hizo para que no se quebrantara. Algo que Dios rechaza es la forma en que algunos fariseos, como se narra en la Biblia, cumplían la ley, pues lo hacían con fingimientos o la desobedecían en su interior.

Dios dice que su Palabra se cumplirá en su totalidad. También dice que debemos cumplir la ley y enseñarla, para que de ese modo nos consideren grandes «en el reino de los cielos» (Mateo 5:19). Por eso, no tratemos de hacer una nueva ley para nuestra conveniencia.

Es lamentable que hoy en día haya muchas personas que cambien la Palabra de Dios a su manera y vivan en total desorden y desobediencia. Los cristianos debemos ser diferentes porque Dios estableció la ley de este mundo para que se obedezca:

- La manutención de los hijos: Es la ley de Dios y del hombre.
- No se toma mientras se maneja: Es la ley de Dios y del hombre.
- Se multa a quien no use el cinturón de seguridad: Es la ley de Dios y del hombre.

Todas estas cosas son algunas de las leyes establecidas que no cumple un gran por ciento de la humanidad.

La ecuación es sencilla: Obediencia = Bendición.

Jesús y la ira

*Si estás presentando tu ofrenda en el altar y allí recuerdas
que tu hermano tiene algo contra ti [...] ve primero
y reconcíliate con tu hermano.*

Mateo 5:23-24

Le damos gracias a Dios por este cuarto día donde le hemos pedido que nos hable y toque de una manera especial.

En esta parte de la Biblia, Él nos habla de no estar enojados con nadie, de arreglar las cuentas con todos, aun antes de dar una ofrenda en la iglesia.

Es más, Dios desea que nuestras relaciones con familiares y amigos sean saludables. También nos recuerda que juzgará nuestros pecados de la misma manera que lo hace con el que comete un crimen, como el que le dice necio a su hermano.

Nosotros los humanos somos los que clasificamos los pecados. Creemos que es más pecador un adúltero que un mentiroso. Sin embargo, para Dios todos los pecados son iguales.

Hoy mi invitación es a ponerse a cuentas con Él. Asimismo, debemos pensar que tú y yo no sabemos hasta cuándo viviremos en este mundo y es mejor estar siempre a bien con Dios. ¿Cómo lo logras? Lo puedes hacer solo a través de una oración y un corazón arrepentido de verdad.

Dios es el único que ve tu corazón y en su Palabra nos dice que no rechaza un corazón que se arrepiente.

Notas

Jesús y el adulterio

Oísteis que fue dicho: No cometerás adulterio.
Pero yo os digo que cualquiera que mira a una mujer para
codiciarla, ya adulteró con ella en su corazón.

Mateo 5:27-28

Dios es bien radical con el problema del «adulterio». Desea y ordena que seamos hombres y mujeres de una sola pareja. No acepta bajo ninguna razón tener otras relaciones aparte del cónyuge. Sabemos que este es un veneno que mata los matrimonios y que cada vez más se filtra en las iglesias.

Por lo tanto, tenemos el llamado a cuidar los hogares, huir de la tentación, pasar tiempo de calidad con nuestra pareja y tener muchísima comunicación. La clave de todo esto es tener a Jesús en el hogar como base. Además, la oración individual y en pareja es una bendición y es la manera de cubrir nuestro hogar.

Recuerda que no vale la pena que por un momento de placer o por una aventura se arroje por la ventana el matrimonio y los hijos. Sobre todo, que tengamos que vivir las consecuencias por nuestros actos donde el juez supremo es Dios.

Aunque tanto el hombre como la mujer tienen la responsabilidad del matrimonio, Dios le va a pedir cuentas al hombre que es la cabeza del hogar. Si tiene la autoridad, tiene mayor responsabilidad ante Él.

Busca a tu pareja, reconcíliate con ella y, sobre todo, arregla tus cuentas con Dios.

Jesús y el divorcio

Por tanto, lo que Dios ha unido, que no lo separe el hombre.

Marcos 10:9

El divorcio es un problema que me causa mucho dolor. En mi caso, me resulta muy triste debido a que pasé por dos divorcios que me dolieron por varios años. En realidad, esto es traumático en gran medida, y lo lamentable es que los más afectados son los niños.

En el primero, no conocía de Dios y no había principios, ni respeto. Incluso, llegué a vivir los primeros pasos de la violencia doméstica. En el segundo, fue más triste aún, porque se trataba de una boda cristiana donde el amor no fue suficiente para lidiar con los problemas y nos dejamos llevar por el orgullo.

De estas dos experiencias aprendí que casarse no era cuestión de emoción, sino que es una decisión muy seria. Por lo tanto, Dios debe ser el que nos escoja esa pareja. En la Biblia, Él nos dice que la única ocasión en la que aprueba el divorcio es por causa de adulterio.

Mi consejo es que si no estás en esta situación y solo te empeñas en divorciarte porque crees que todo está perdido, dale una oportunidad a Dios para restaurar tu hogar.

Recuerda, Él tiene la última palabra.

Jesús y los juramentos

«Cuando ustedes digan "sí", que sea realmente sí; y cuando digan "no",
que sea no. Cualquier cosa de más, proviene del maligno».

Mateo 5:37

Desde siempre hemos escuchado que no debemos jurar, mucho menos usando el nombre de Dios en vano. Esto se debe a que Dios espera que digamos la verdad en todo momento.

En el Manual de Instrucciones también encontramos que el Señor espera que nuestra palabra sea sincera y que tengamos una sola respuesta.

Cuando somos personas de una sola palabra, tenemos credibilidad y confiabilidad ante otros, mucho más al decir que somos cristianos. Si quedamos mal, también se afectará el nombre de Dios.

Cada vez que les prometamos algo a nuestros hijos, debemos cumplirlo. Les hacemos mucho daño si los ilusionamos con algo y no lo llevamos a cabo. Así que distingámonos y aprendamos a ser hombres y mujeres de carácter.

_____

_____

_____

_____

El amor hacia los enemigos

Amen a sus enemigos, hagan bien a quienes los odian, bendigan a quienes los maldicen, oren por quienes los maltratan.

Marcos 10:45

El mandato de Dios de amar a los que nos han hecho daño, y perdonar a los que nos ofenden, trae bendición a nuestra vida.

¿Te imaginas que aparte de perdonar debamos orar por esas personas y bendecirlas? Ya sé lo que quizá estés pensando: «¿Pero cómo se le puede ocurrir a ella decirme eso?». No te asombres, eso es lo que dejó estipulado el Señor Jesús. Así que, debes creerlo.

Cuando entramos en ese plan de obedecer a Dios, comienzas a recibir un cambio en tu ser, pues el odio y la falta de perdón crean raíces de amargura que hasta nos enferman. Es más, esto es lo que el rencor trae como resultado en el ser humano. Por eso Dios nos da la oportunidad de que conozcamos la verdad y luego nos hace libres.

Amar a los amigos es muy fácil, pero Dios quiere que apliquemos lo más difícil: Amar a los enemigos. De esta manera honraremos a Dios.

Jesús y la limosna

> *Que sea tu limosna en secreto; y tu Padre que ve*
> *en lo secreto te recompensará en público.*
>
> Mateo 6:4, RV-60

En este día veremos principios que Dios dejó establecidos a fin de que se cumplan al pie de la letra. Y juntos vamos a pedirle a nuestro Jesús que nos ilumine y nos permita entender, con palabras muy sencillas, lo que nos dejó en la Biblia. Lo que es más importante, una vez que los entendamos, que seamos capaces de aplicarlos para tener una vida en victoria.

La limosna o la ofrenda, como se le conoce en otras partes, debe ser algo que se entregue con mucha prudencia y no de una manera ruidosa y llamativa, pues Jesús mismo llama hipócritas a quienes lo hacen así. En realidad, esta clase de persona es la que se hace pasar por piadosa sin serlo. Por eso recuerda que la ofrenda es algo entre tú y Dios.

Tampoco llamemos la atención con nuestros actos de humanidad, pues lo que hacemos es como para Dios y no para los hombres. Nadie necesita saber lo que haces por los demás y menos en cuestión de dinero.

Jesús y la oración

*Cuando ores, entra en tu aposento, y cerrada la puerta,
ora a tu Padre que está en secreto; y tu Padre que ve
en lo secreto te recompensará en público.*

Mateo 6:6, RV-60

Fíjense bien que, durante estos últimos devocionales, Dios nos ha exhortado a que todo lo que hagamos para Él sea en silencio, pues Él es un Dios de intimidad.

Es evidente que le molesta la gente ruidosa y que les dicen a todos lo que diezman, lo que ofrendan y hoy, en este devocional, lo que oran.

Una vez más, Jesús dice que si vas a orar lo hagas solo, que no seas como los hipócritas que oran de pie en las sinagogas y en las calles para que los vean. ¡Cuánto le choca esto a nuestro Dios!

Ahora bien, esto no quiere decir que no podamos orar en grupo ni en familia de una manera audible. Tampoco se trata de que no podamos ir a las misiones, pues a lo que Dios se refiere es a la intención de nuestro corazón.

También nos enseña que no seamos repetitivos en la oración como los loros, sino que tengamos una conversación natural y sincera de nuestro corazón con Él.

Aprendamos, entonces, que todo lo que hagamos en secreto, Él nos lo recompensara en público. Y aun si no se nos reconociera, es bueno hacerlo en silencio.

Jesús y el ayuno

Cuando ayunes, perfúmate la cabeza y lávate la cara para que no sea evidente ante los demás que estás ayunando, sino solo ante tu Padre.

Mateo 6:17-18

Comenzamos un nuevo día y una enseñanza más de nuestros veintiún días en los que recordamos lo que Dios dejó escrito en su Palabra para que lo entendamos y le podamos obedecer.

Tanto con la oración como con la ofrenda, Jesús nos hace la misma observación. Nos pide que lo hagamos en privado, sin ser llamativos ni escandalosos, pues lo que hacemos es para el Señor y no para los hombres.

El ayuno es una oportunidad que tenemos para estar en verdadera comunión con Dios. Además, tiene poder y un gran valor para nuestro Padre celestial. En esos días de ayuno casi siempre hay peticiones específicas que ponemos delante de Dios y es impresionante cómo responde Él. Esto lo comprobamos en los testimonios que son poderosos de verdad.

Sin embargo, el día en que ayunes, lo único que te pide Dios es que no lo estés divulgando. Porque si lo haces, te considerarán un hipócrita. ¿Sabes? Con solo imaginarme que Dios piense de mí que soy una hipócrita, ya me hace ser obediente. Por eso quiero y trato de agradarle.

Tesoros en el cielo

Porque donde esté tu tesoro, allí estará también tu corazón.

Mateo 6:21

¡Es increíble cómo a nuestro Dios le interesa que seamos personas equilibradas y rectas en la vida! Por eso le agradezco mucho que nos dejara la Biblia. A través de su lectura he podido conocer los principios de vida y la manera más fácil de ser feliz.

Hoy en día, se escucha muy a menudo esta frase bíblica: «No os hagáis tesoros en la tierra» (Mateo 6:19, RV-60). Eso significa que nuestro ídolo no debe ser el dinero y que no debemos apegarnos a las riquezas.

Fíjense que no se trata de que Dios no esté de acuerdo en que seamos prósperos. Lo que Él no quiere es que ese sea nuestro tesoro y nuestra vida. Así que ten en cuenta que cuando partamos de este mundo, no nos llevaremos nada en lo absoluto. Por lo tanto, es más importante pensar en nuestra vida eterna.

La lámpara del cuerpo

*El ojo es la lámpara del cuerpo. Por tanto, si tu visión
es clara, todo tu ser disfrutará de la luz.*

Mateo 6:22

En un devocional anterior pudimos aprender que los ojos son la lámpara del cuerpo. Que debemos guardarlos no solo por la salud física, sino también por la salud espiritual debido a lo que vemos.

Si lo que vemos nos corrompe, nuestro cuerpo se dañará de igual manera. Claro, esto tiene toda la lógica del mundo: Una persona que solo ve pornografía, esa es la información diaria que le da a su mente y a su cuerpo.

Además, si tu ojo es bueno, tu cuerpo será bueno del mismo modo.

Dios desea que tú seas libre y bueno.

Y lo que puedes hacer es entregarle esa esfera o cualquier otra.

Él nos cambia y nos transforma... ¡solo si se lo permitimos!

Te recuerdo que la luz y las tinieblas se rechazan entre sí.

Dios y las riquezas

*Nadie puede servir a dos señores [...] No se puede
servir a la vez a Dios y a las riquezas.*

Mateo 6:24

Hay una gran tendencia en el ser humano por el dinero y es algo que a veces se le escapa a la gente de las manos. Incluso, esto sucede a menudo de manera incontrolable sin saber el daño espiritual que ocasiona.

Ahora volvamos al punto que vimos en días pasados. Dios desea que tú y yo tengamos bendiciones, una casa linda, un bello auto y, por qué no, algunos lujos. Sin embargo, lo que entristece su corazón es que empecemos a adorar el dinero, porque al único que debemos adorar es a nuestro Dios.

Tu felicidad no debe depender del dinero, debido a que el día en que no lo tengas o que lo pierdas, te sentirás desdichado. Por eso Dios desea que agradezcamos y disfrutemos el dinero sin dejar de reconocer que el dueño del oro y de la plata es Él.

La entrega de esta esfera es muy difícil, pero no imposible. Es mejor reconocer esta debilidad, pedir perdón y darle la gloria a Dios.

El afán y la ansiedad

Busquen primeramente el reino de Dios y su justicia,
y todas estas cosas les serán añadidas.

Mateo 6:33

El problema del afán y la ansiedad ha estado muy de moda en los últimos años. Hace algún tiempo, Estados Unidos, país donde he residido por más de treinta y dos años, tuvo una de las peores crisis financieras del país. Fueron días y meses en los que solo se escuchaba decir a la gente: «Estamos muy mal. La crisis es terrible. Las cosas empeoran cada vez más». Lo mismo se escuchaba en las noticias de la radio, la televisión y la prensa. Era, como digo yo, un bombardeo de cosas negativas que llegaban a diario a nuestra mente.

Sin embargo, recuerdo que nosotros en la radio y en la iglesia contrarrestábamos esto. ¿Por qué? Porque Dios en su Palabra es muy claro, pero actuamos como si no le creyéramos. Por ejemplo, Él dijo: «En el mundo tendréis aflicción; pero confiad, yo he vencido al mundo» (Juan 16:33, RV-60).

También en el pasaje de Mateo 6:25-34 se nos aclara muy bien su interés por nuestro bienestar. Desearía que hicieras la excepción y leyeras el capítulo completo, pues vale la pena. Al hacerlo, quizá logres entender cómo piensa y actúa Dios. Así que no tengas ansiedad y aprende a descansar en Él.

Dios nos ama, pero necesita que nuestra confianza esté puesta en Él. Nuestra tarea como sus hijos es la de tomar cada una de sus promesas para nosotros. Entonces, cuando se presenten las tormentas de la vida, comprenderemos que no estamos solos. Y aunque no veamos la mano de Dios, nos percataremos que Él está ahí para ayudarnos.

El juicio a los demás

¿Por qué te fijas en la astilla que tiene tu hermano en el ojo,
y no le das importancia a la viga que está en el tuyo?

Mateo 7:3

Quizá hoy sea el primer día que tomas este libro devocional en tus manos. Por eso quiero decirte que hace quince días estamos analizando los principios que nuestro Dios dejó para que tengamos una vida feliz.

Este es un recorrido de veintiún días en los que estamos considerando todas las esferas que nos pueden afectar por la manera en que vivimos. Así que en oración le pedimos a Dios que nos dé entendimiento y que logremos obedecer su Palabra.

El juicio que hacemos de los demás dice mucho de nuestro carácter. No tenemos derecho a juzgar a nadie. Eso sí que es feo y es más común de lo que pensamos. Los cristianos especialmente somos ligeros para juzgar, pues somos rudos y duros con los demás. Si alguno cae o falla, somos los primeros en hablar y evaluar.

¿Acaso olvidamos cómo hemos sido? ¿Es que no nos acordamos del fango del que nos sacó o nos rescató el Señor? Pidámosle a Dios que nos dé amor y misericordia por los demás. Y que podamos tener en cuenta que nos medirán con la misma medida que medimos a otros.

La oración vale oro

Pidan, y se les dará; busquen, y encontrarán; llamen, y se les abrirá.

Marcos 10:45

Si Dios nos dice que oremos en todo momento y lugar, es porque sabía que necesitaríamos la oración como una poderosa arma para hacerle frente a cada una de las situaciones de la vida. Sin duda, a veces tenemos épocas en que activamos esas antenas espirituales y comprobamos que la oración tiene poder. En esos momentos es que nos damos cuenta que, siempre que oramos y pedimos, Dios contesta y se escuchan hermosos testimonios. Por eso no debemos cortar esa bendición.

La oración es parte fundamental de nuestra vida espiritual. Además, nosotros estamos creados para tener una relación y una comunicación directa con nuestro Padre celestial.

Es evidente que deseamos milagros y respuestas de parte de Dios. No obstante, ¿cuándo dedicamos esos minutos para orar y escuchar la voz de Dios?

Convierte en un estilo de vida el versículo que dice: «Oren sin cesar» (1 Tesalonicenses 5:17). Con esto en mente, acostúmbrate a orar por tu familia y por tus hijos, pues la oración tiene poder.

La puerta estrecha

*Pero estrecha es la puerta y angosto el camino que
conduce a la vida, y son pocos los que la encuentran.*

Mateo 7:14

Me llamó mucho la atención encontrar dentro de las cosas que Dios espera de nosotros algo que he escuchado, y hasta repetido: «¡Ah! Esa persona salió por la puerta grande». También se dice: «Quisiera salir por la puerta grande». Estas frases las usamos cuando queremos salir de un trabajo y quedar bien con todo el mundo. Cuando se va a cambiar de trabajo o de iglesia, a veces decimos: «Hay que dejar la puerta abierta», que también significa quedar bien con nuestros pastores, jefes o compañeros, ya que si algún día Dios nos lleva al mismo trabajo, estaremos preparados.

Al leer hoy este pasaje de la Biblia en Mateo, la puerta grande no se interpreta de la misma manera. Por el contrario, Dios dice que entremos por la puerta estrecha que nos lleva a la vida eterna, pues la puerta ancha, por ser más espaciosa, conduce a la perdición. En otras palabras, es más fácil perderse que guardarse.

Por eso debemos entender que aunque a veces el camino es difícil, angosto y hasta espinoso, si está bajo la voluntad de Dios, nos lleva a la bendición. Lo que es fácil, demasiado llamativo, tentador o sospechoso, no siempre está Dios de por medio. Recordemos que el enemigo nos pone a la vista cosas atractivas, a fin de distraernos y apartarnos de la voluntad de nuestro Padre.

Notas

Por sus frutos los conocerán

Todo árbol bueno da fruto bueno, pero el árbol malo da fruto malo.

Mateo 7:17

Cuando llegas a una iglesia cristiana en especial, comienzas a escuchar frases como estas: «Por sus frutos los conocerás». Esas frases no las entendí por completo hasta después de un tiempo. Sé que muchos de ustedes no van a ninguna iglesia o quizá nunca hayan escuchado este principio bíblico.

Cuando se habla de frutos, se refiere a los resultados. Si saboreamos una fruta deliciosa, nos permite darnos cuenta en seguida que viene de un buen árbol, de un árbol sano que da buenos frutos.

El Manual de Instrucciones nos habla a nuestras vidas de la misma manera. Si una persona tiene una vida sana y eficiente en lo espiritual, dará buenos frutos a su tiempo. Aunque muchos llegamos a los caminos de Dios lastimados, con vicios o con otras cosas terribles, cambiamos al andar con Jesús. Por eso, tal vez las personas nos digan después: «Ya no eres el mismo», y es porque damos frutos.

Esto no solo muestra lo que somos tú y yo, puesto que la gente nos conoce también por lo que somos. Es decir, las personas nos conocerán por nuestros frutos y, al mismo tiempo, seremos capaces de saber cómo es alguien que quizá no nos termina de convencer, debido a que las conocemos por sus frutos.

Hoy te invito a que examinemos nuestros frutos. Tal vez sean frutos buenos y sanos, o estén tan podridos que no valga la pena recogerlos. ¿Cómo está nuestra vida? ¿Has considerado lo que piensa Dios de nosotros?

Jamás los conocí

> «No todo el que me dice: "Señor, Señor", entrará en el reino
> de los cielos, sino solo el que hace la voluntad de mi Padre».
>
> Mateo 7:21

Vamos llegando al final de nuestros veintiún días de aprendizaje, o solo de repaso, a fin de poder tener muy presente las cosas que nos alejan de Dios. De seguro que ahora todos estamos con el mismo deseo: Hacer su voluntad.

Cuando analizo las siguientes palabras del Señor: «Jamás los conocí» (Mateo 7:23), solo digo: ¡Qué terrible! A veces nos creemos muy sabios, muy espirituales, y que tenemos el cielo ganado. Incluso, hay quienes dicen tener a Jesús, pero nunca le han entregado su vida, a pesar de que hacen y dicen cosas en su nombre, pero es en vano.

Por eso la lectura de estas palabras del Señor nos pone a pensar y a reflexionar en lo que hacemos o dejamos de hacer en nuestra vida cristiana. Aunque muchos digan «Señor, Señor», o por más cosas que hagan en la tierra en su nombre, no todos estarán en su presencia. Y aquí quiero que prestes mayor atención. La salvación, o sea, la vida eterna, es un regalo inmerecido que recibimos por la gracia de Dios. Así que mi llamado es a que seamos honestos, transparentes y sinceros delante de Dios, ya que a Él no lo podemos engañar. Él conoce nuestro corazón.

Los dos cimientos

Todo el que me oye estas palabras y no las pone en práctica es como un hombre insensato que construyó su casa sobre la arena [...] y esta se derrumbó.

Mateo 7:26-27

Hoy terminamos los veintiún días y sé que mi Dios nos ha dado tremendas armas, instrucciones y doctrinas para que seamos felices mediante la obediencia. Si no leíste estos veintiún días, léelos cuando puedas. Hay cosas sencillas y prácticas que nos dejó Dios y que estoy segura que, si las aplicamos, daremos mejores frutos.

Este último llamado de nuestro Padre tiene que ver con lo más importante: La base de todo lo que hacemos, o sea, la estructura que determinará nuestra vida. ¿Dónde vamos a construir? ¿Sobre la arena o sobre la Roca que es Cristo? La vida construida sobre la Roca resistirá cualquier ataque, tormenta y desafío que se presente en nuestro diario vivir.

Por favor, dejemos la vida trivial. Dejemos de vivir a nuestra manera y de tomar decisiones que distorsionen lo que Dios ya planeó para cada uno de nosotros. Aprendamos de una vez por todas de las equivocaciones y de los golpes que hemos sufrido. Luego, permitamos que nuestro Señor nos dé esos cimientos para ser absolutamente felices en Cristo.

Oración de compromiso

A ti, oh Dios de mis padres, te doy gracias y te alabo,
porque me has dado sabiduría y fuerza.

Daniel 2:23, RV-60

Señor:

Te agradecemos de todo corazón que nos permitieras estudiar estos veintiún principios de vida. Para muchos, son del todo nuevos, pero gracias a tu Palabra tan sencilla y práctica para seguir, sabremos tomar decisiones adecuadas.

Te pedimos perdón por las cosas en que encontramos que te estábamos fallando. Gracias porque nos hiciste ver la realidad y ahora podemos enderezar nuestros caminos y hacer cambios radicales.

Reconozco, Dios mío, que te necesito. Sin ti la vida es imposible de llevar.

Ayúdame, mi Jesús, a buscarte cada día y a aplicar tu Palabra en mi vida. ¡Te amo!

En el nombre de Jesús oramos.

Amén y amén.

Apunta hacia la excelencia

Consideren bien todo lo verdadero, todo lo respetable, todo lo justo, todo lo puro, todo lo amable [...] todo lo que sea excelente o merezca elogio.

Filipenses 4:8

Estamos casi a las puertas del final de este devocionario. Así que es muy importante que todo lo que Dios nos mostró en estas pequeñas meditaciones diarias las empecemos a poner en práctica. De esa manera, no solo llegaremos a tener éxito en la iglesia, sino en todo lo que emprendamos en la vida.

Procuremos siempre modelar a Jesús para que nos vaya bien en las cosas que emprendamos. Que siempre esté delante de nosotros la sinceridad, la honestidad, la transparencia, la humildad, la integridad y la verdad. Aunque a los demás les moleste esto de ti, ten presente que servimos a un Dios bueno e íntegro, y Él espera lo mejor de nosotros.

No importa cuál sea tu trabajo, hazlo de buena gana. Sé que a veces nos ha tocado hacer cosas que nunca nos imaginamos, sobre todo en este país, y eso nos puede frustrar. Sin embargo, nosotros debemos ver las cosas diferentes. Así que piensa que esto que haces hoy es pasajero y que Dios tiene un mejor futuro para ti.

La envidia

No te irrites a causa de los impíos ni envidies a los que cometen injusticias; porque pronto se marchitan, como la hierba.

Salmo 37:1-2

No te sientas mal cuando sientan envidia de ti.

¿Sabes? Eso siempre lo he visto como una buena señal. Cuando llamamos la atención, es porque estamos haciendo algo que les inquieta a los demás. Claro, esto es bueno cuando hacemos lo que es bueno.

La envidia se conoce también como celo o codicia. Es algo horrible, pues no puedes brillar con luz propia debido a que no quieres ser tú mismo. Te frustras a menudo porque no resistes que a las otras personas les vaya mejor que a ti.

Además, la Palabra de Dios nos orienta a que no sintamos envidia de los impíos, de los que no le conocen. No debemos envidiar sus triunfos ni sus riquezas, pues nosotros tenemos el mejor regalo que es la vida eterna. Además, contamos con todas las promesas, a fin de tener prosperidad y bendición.

Sé que muchos nos quejamos y decimos: «Bueno, ¿por qué esta persona sale adelante y le va súper bien si no conoce de Dios, no se congrega, ni obedece sus mandamientos?».

¡No te dejes confundir! Dios te dice que muchos de ellos morirán sin conocerle.

Por lo tanto, es mejor que no lo tengamos todo, sino que lo tengamos a Él y la salvación.

Los cambios

Encomienda al Señor tus afanes, y él te sostendrá; no permitirá que el justo caiga y quede abatido para siempre.

Salmo 55:22

Los cambios han sido trascendentales en mi vida. Desde la llegada de Colombia a Estados Unidos, he tenido unos diecisiete cambios de domicilio, incluyendo uno de estado y mi más reciente mudanza que sucedió justo mientras escribía este libro. Le di gracias a Dios porque de cada situación que vivo, Él me da una enseñanza.

Si te pones a pensar y echas atrás la película de tu vida, te acordarás de diversos cambios que han marcado tu vida para siempre.

Algo que me gusta mucho de mi Dios es que utiliza cada cambio para enseñarnos que Él tiene mejores cosas para nosotros. Si cometemos errores, Él está dispuesto a sanarnos y darnos una oportunidad.

Si no fuera por la intervención divina, no sé qué hubiera sido de mis princesas y de mí después de sufrir tantos golpes en la vida.

Hoy en día, puedo dar testimonio de que las cosas malas que nos suceden Dios las transforma para bien. Solo Él puede cambiar nuestro lamento en baile.

Si estás pasando por cambios en tu vida, por más difíciles que sean tus problemas, no te desesperes, ni te angusties, porque no estás solo. Dios no te abandonará y te bendecirá.

Cambios adecuados

> *En su angustia clamaron al Señor, y él los sacó de su aflicción.*
> *Cambió la tempestad en suave brisa: se sosegaron las olas del mar.*
>
> Salmo 107:28-29

¡Hay cambios de cambios! Unos los buscamos nosotros, otros se producen por circunstancias de la vida y los demás vienen de Dios con un propósito.

Cuando hacemos cambios sin pedir la dirección de Dios, es perjudicial porque nos apartamos de los planes que Él tiene para nosotros.

Muchas personas son muy inestables en toda la extensión de la palabra. Cambian de trabajo porque se molestaron con su jefe o porque se cansaron. Otros cambian de pareja como cambiar de zapatos, sin medir las consecuencias de cada una de estas decisiones. En realidad, no piensan que cada cambio que hacemos afecta a nuestros seres más queridos. Ten presente que los cambios constantes en una persona muestran falta de estabilidad. No están conformes ni felices con «nada».

Hay otro tipo de cambios debido a que nos obliga la vida: La muerte inesperada del cónyuge, una crisis financiera que provoca cambios radicales de vivienda y estilo de vida, un abandono repentino por tus padres, etc. Estos cambios son traumáticos en la vida de cualquier persona, y si a esto le sumas que no tienes una vida espiritual fortalecida, créeme que va a ser mucho más difícil.

Por eso, mis amigos, aprendamos de los errores y consultemos a papito Dios todos los cambios que consideremos. Entonces, cuando se presenten esas otras crisis con las que no contábamos, debemos tener presente que Dios cuida de sus hijos.

Cuando Dios produce los cambios

Escucha, hijo mío; acoge mis palabras, y los años de tu vida aumentarán.
Yo te guío por el camino de la sabiduría, te dirijo por sendas de rectitud.

Proverbios 4:10

Como hijo de Dios, no te debes preocupar, ni tienes que dudar, ni temer. ¿Por qué? Porque es muy diferente cuando las situaciones de la vida se presentan con el sello de Dios. Es como cuando compras un auto de lujo y sabes que no te dará ni un dolor de cabeza. O cuando compras confiado un equipo electrodoméstico de una marca reconocida porque sabes que tendrás en casa lo que cuesta en calidad y garantía. Mejor aun, es cuando tu Padre celestial te llama a un cambio.

A cada momento, Dios nos muestra aspectos de la vida que están podridos. Sí, eso es, parece feo y horrible, pero es verdad. Nos están contaminando y serían capaces de infectar a las personas que nos rodean.

He visto también que cuando Dios tiene un llamado, prepara nuestros corazones para cambios en la vida. Quizá sea dejar un trabajo secular para servirle a tiempo completo en la obra. Esto atemoriza, pues queremos sentirnos seguros. Así que cuando no vemos nada fijo, podemos dudar. Sin embargo, debes saber que los cambios son necesarios para nuestro futuro.

Cuando dejamos todo en las manos de Dios, no hay problema, pues Él no se equivoca. Sabe lo que es mejor para sus hijos y ve las cosas de otra manera, pues conoce el futuro. Así que no te resistas cuando sientas un llamado al cambio. Dios tiene el control y no hay nada más maravilloso que servirle a Él que es el mejor jefe.

Oración por cambios en la vida

> *Me has dado a conocer la senda de la vida; me llenarás de alegría en tu presencia, y de dicha eterna a tu derecha.*
>
> Salmo 16:11

Padre santo:

Queremos agradecerte este nuevo día y decirte que eres lo más importante para nosotros. Cada día que pasa vemos tu amor incondicional y disfrutamos de tus bendiciones.

Dios mío, gracias porque permites cambios en mi vida y conoces mi necesidad. A veces, tomo decisiones equivocadas, pero tú me guías a toda verdad.

Aunque no entendamos todo lo que nos pasa, sabemos que con tu amor nos cuidarás y nos darás nuevas oportunidades.

Ayúdame a aprender de mis errores, y dame la fortaleza para superar las cosas que debo dejar y cambiar.

Entrego el resto de este día en tus manos y descanso en tu Palabra.

En el nombre de Jesús, amén y amén.

El gozo del Señor

No estén tristes, pues el gozo del Señor es nuestra fortaleza.

Nehemías 8:10

Sin duda, recuerdas que hemos hablado que el gozo del Señor es nuestra fortaleza. Eso significa que si permanezco alegre, eso será lo que les transmitiré a los demás.

Sin embargo, quizá este no sea tu caso. Es posible que las deudas te estén ahogando, que tu hogar esté destruido o que tu hijo esté involucrado en las drogas. Así que quizá me digas: «Bueno, ¿cómo voy a tener gozo cuando tengo tantos problemas?».

La respuesta no la tengo yo, sino que la tiene el Dios de los imposibles. Aunque las cosas para ti no sean para nada fáciles, Él desea verte con gozo.

Si nos dejamos llevar por la tristeza o por el dolor, ¿cómo serían nuestros días y cómo testificaríamos de un Dios que nos ama? Es una bendición poder aprender y poner en práctica la vida con gozo a pesar de los pesares.

Si lo analizamos, podemos decir que el gozo es una decisión. Eso lo determiné hace ya varios años. Después de mi crisis de salud, aprendí a valorar más las cosas, a vivir feliz y a no dejar que me despojaran de las bendiciones de mi Padre. Por eso, mi oración diaria es por fortaleza para seguir mi vida con entusiasmo.

¿Y tú? No permitas que nada ni nadie te roben el gozo del Señor.

Matrimonios con compromiso

Tengan todos en alta estima el matrimonio y la fidelidad conyugal, porque Dios juzgará a los adúlteros y a todos los que cometen inmoralidades sexuales.

Hebreos 13:4

En estos últimos meses, Dios ha puesto en mi corazón un deseo muy grande de orar e interceder por los matrimonios. Tanto es así, que un día en la oración que hacía al aire y en vivo por la radio, de repente sentí que debía interceder en ese momento por las parejas. Las palabras que salían de mi boca no eran mías, venían de parte de Dios.

En mi oración, les decía a todos que el corazón de Jesús estaba triste por los muchos divorcios y el dolor que se les causaba a los hijos. También instaba a los oyentes a no ser egoístas y a dejar de solucionar los problemas matrimoniales solo con el divorcio. Que fuéramos más conscientes de nuestros errores y defectos que los de nuestros cónyuges. Que empezáramos el cambio en nosotros en lugar de exigírselo a nuestras parejas. Por último, Dios puso en mí el clamor por ser firmes a la hora del matrimonio.

El matrimonio es una institución creada por Dios. Por lo tanto, es una decisión seria. Los que hemos tomado malas decisiones en cuanto a esto, pero que nos hemos arrepentido, no podemos cometer nunca más los mismos errores.

Si tú estás solo y deseas casarte, espera en Dios. Deja que Él te muestre con quién debes casarte y que sea en su tiempo perfecto.

Digamos «NO» al divorcio

(primera parte)

El esposo debe amar a su esposa como a su propio cuerpo.
El que ama a su esposa se ama a sí mismo.

Efesios 5:28

Solo en nosotros está la decisión de decirle «NO» al divorcio. En su Palabra, Dios deja bien clara varias advertencias. Por ejemplo:

- «No os unáis en yugo desigual con los incrédulos» (2 Corintios 6:14, RV-60). Antes de dar el paso del matrimonio, la pregunta es la siguiente: «¿Por qué te casas con un inconverso?». Si lo consideras, no todos los casos terminan felices, pues muchos no van jamás a la iglesia aunque se casen, debido a que uno no puede cambiar a nadie.
- «El hombre deja a su padre y a su madre, y se une a su mujer» (Génesis 2:24). Muchos matrimonios llegan al divorcio por los suegros. Si te casas, debes «dejar» la falda de mamá. Claro, hay casos preciosos donde la suegra es de bendición en el hogar.
- «Y los dos se funden en un solo ser» (Génesis 2:24). Se trata de un solo ser, pues no son parejas de tres ni de cuatro. Es decir, debe ser de una sola mujer y un solo hombre porque ya son uno en Cristo.
- «¡Goza con la esposa de tu juventud!» (Proverbios 5:18). Por eso debes disfrutar a tu cónyuge aun en la vejez. No dice que el amor es solo durante la juventud, sino que es para siempre.
- «Dando honor a la mujer como a vaso más frágil» (1 Pedro 3:7, RV-60). En esto se incluye el respeto y la ternura.

Únete a esta campaña y digamos «NO» al divorcio.

_____

_____

_____

_____

Digamos «NO» al divorcio

(segunda parte)

Esposas, sométanse a sus esposos, como conviene en el Señor. Esposos,
amen a sus esposas y no sean duros con ellas.

Colosenses 3:18-19

Las mujeres, al igual que los hombres, tenemos funciones específicas que Dios nos dejó en su Palabra para tener un matrimonio según sus mandamientos. Dios dijo:

- «Esposas, sométanse a sus esposos» (1 Pedro 3:1). Esto no es otra cosa que honrar y respetar al esposo, darle la posición adecuada en la casa, ya que es la cabeza de la familia. Sé que muchas mujeres no viven este principio por necias, rebeldes o porque el hombre no tiene el carácter para llevar las riendas de la casa, así que la mujer asume esa posición.
- «Que la esposa respete a su esposo» (Efesios 5:33). Dios diseñó al hombre para que lo respetemos. Así es que se siente amado.
- «La mujer pendenciera es gotera constante» (Proverbios 19:13). Aquí Dios nos compara como esa gotera que cae sin cesar, y tiene razón. Muchas de nosotras, quizá por temperamento, somos peleonas y complicadas. Todos los problemas del hogar los volvemos una tragedia y cansamos a nuestros esposos.
- «La mujer sabia edifica su casa» (Proverbios 14:1). Dios nos llamó a edificar la casa. Así que tenemos la responsabilidad de formar un hogar con bases sanas y respeto, siendo fieles y sabias.

Si eres una fiera, vives siempre con mal genio, ¿qué consigues con esto? Espantas a tu esposo y lo que menos va a querer es llegar a su hogar con tal de no enfrascarse en una pelea. Únete a esta campaña y digamos «NO» al divorcio.

Digamos «NO» al divorcio

(tercera parte)

Por eso dejará el hombre a su padre y a su madre, y se unirá a su esposa
[...] Por tanto, lo que Dios ha unido, que no lo separe el hombre.

Mateo 19:5-6

Cuando hablamos de relaciones y situaciones que se presentan entre las parejas, es muy común desear que el cambio venga de la otra persona.

Nos es más fácil exigir que dar y caemos en ese juego a la espera de que se produzcan cambios. Es más, entramos en un terreno muy negativo, pues hablamos lo necesario, vivimos con si fuera con un extraño y hasta llegamos a dormir en cuartos separados. A esta altura, la relación se encuentra al borde del abismo. Está en el momento más delicado porque Satanás, que quiere matar el matrimonio, robar la bendición y destruir la vida de cada uno, tiene bastante terreno que se le ha dado.

Quiero que recuerdes que el enemigo solo necesita una rendija para entrar y destruir. Es lamentable que muchos matrimonios ya estén con sus mentes y corazones fuera de la relación. Es probable que hasta el divorcio sea tema de discusión y se esté considerando.

Hoy Dios te dice: «¿Qué estás haciendo? ¿Dónde están las promesas y los votos dados ante el altar y los testigos?». Es hora de luchar por nuestros matrimonios. Así que no seamos egoístas y pidámosle a Dios que ponga en nosotros ese primer amor, a fin de que logremos rescatar las cosas buenas que tienen las parejas. Solo un cambio de actitud de tu parte, y permitirle a Dios que restaure tu relación, serán lo perfecto. Él está esperando hacer el milagro en tu matrimonio. ¡Depende de ti! Únete a esta campaña y digamos «NO» al divorcio.

Oración por cambios en el matrimonio

Dios, nuestro Dios, nos bendecirá. Dios nos
bendecirá, y le temerán todos los confines de la tierra.

Salmo 67:6-7

Amante Dios:

Me presento delante de ti porque solo tú puedes ayudarme. Te pido perdón por mis faltas, mis pensamientos y mis actitudes que me han apartado de tu voluntad respecto al matrimonio.

Reconozco que te he fallado al romper ese pacto de amor incondicional en mi matrimonio y que estoy destruyendo a mi familia.

Ahora solo puedo acudir a ti para pedirte una nueva oportunidad.

Ayúdame, Señor, a recuperar el amor y a mi familia.

Te prometo, mi Dios, que pondré todo de mi parte y seré obediente a ti. Dejaré a un lado la crítica hacia mi cónyuge y empezaré por cambiar yo.

Muéstrame mis errores, Señor, y guíame para hacer tu voluntad.

Bendice a mi familia.

En el nombre de Jesús, amén y amén.

Espera tu momento

Por tanto, digo: «El Señor es todo lo que tengo. ¡En él esperaré!».

Lamentaciones 3:24

¡Qué difícil nos resulta esperar por cualquier cosa que deseamos que suceda!

La espera significa rendir nuestras fuerzas, nuestro tiempo y desarrollar la paciencia.

Dicen por ahí que «el que espera desespera», pero no se trata de eso. Se trata de ser sabios y saber que aunque ahora nos desesperamos, llegará ese momento tan anhelado.

Hoy mi motivación va más allá de que logremos todo lo que esperamos. Sé que a veces resulta frustrante haber esperado tanto tiempo por algo para que se deshaga al final. Incluso, nos sucede con la persona que creíamos que sería nuestro cónyuge para toda la vida. Entonces, pasa algo de repente y todo se acaba al instante.

Quizá nos parezca que tenemos un trabajo en el que estaremos por mucho tiempo y pensamos que somos las personas ideales para ciertas posiciones. Sin embargo, con el paso del tiempo, los cambios nos llevan a salir de la compañía y los ideales pueden estar en peligro una vez más.

Recuerda, además, que nuestras malas decisiones alteran la estabilidad y pueden alejar lo que ya estaba cerca de parte de Dios. Por eso vale la pena esperar, pues Dios nos dará lo mejor de lo mejor.

Espera tu momento, que cuando llegue, Dios te sorprenderá.

Preocupación por la edad

Los que confían en el SEÑOR renovarán sus fuerzas; volarán como las águilas: correrán y no se fatigarán, caminarán y no se cansarán.

Isaías 40:31

¿Sabías que muchos de los planes de los seres humanos se desechan sin siquiera intentar realizarlos y, a menudo, es por la edad? Mientras escribía este libro, recordé infinidad de dichos que desde pequeña oía en casa y en la escuela. Por ejemplo, «loro viejo no aprende a hablar», o «ya está muy viejo para estudiar», o «ya pasaron los años y no hice lo que quería».

En semanas anteriores hablábamos de que todo tiene su tiempo, como dice la Biblia. Con todo, en ninguna parte menciona que después de ciertos años ya no puedes servir al Señor, ni que por tu edad el amor ya no es para ti. Por lo tanto, si tienes enterrados tus sueños, Dios quiere resucitarlos en este día, de modo que la preocupación por los años no sea el pretexto para dejar de vivirlos.

Una de mis oraciones es que Dios me conceda la linda oportunidad de estar siempre activa. No quisiera dejar nunca la radio, porque desde allí puedo llegar a ustedes y hablarles de lo que me da Dios.

El más hermoso ejemplo de vitalidad lo tengo en mi madre que ha sido muy disciplinada en el ejercicio y el deporte. A pesar de su edad, trabaja en el Ministerio Casa sobre la Roca, en Bogotá, Colombia, y hoy es, además, un instrumento de Dios en el deporte. Admiro su disciplina, fuerza, entrega y servicio a los demás.

Recuerda, los años jamás deben impedirte realizar tus sueños. Dios te quiere demostrar que nunca es tarde y que tu tiempo no es el suyo.

_____

_____

_____

Es cuestión de actitud

«Pelearán contra ti, pero no te podrán vencer,
porque yo estoy contigo para librarte», afirma el Señor.

Jeremías 1:19

Cada día que Dios nos regala es un desafío. Nadie que salga de casa hoy tiene la seguridad ni el convencimiento de que regresará de nuevo.

Por eso, mis amigos, es muy importante la actitud que tomamos ante la vida, los problemas y las situaciones que nunca faltan. Así que, más allá de los problemas que afrontamos, nuestra actitud será el termómetro de cómo asumiremos cada reto. ¿Te echarás a morir porque una enfermedad llegó a tu vida o porque te despidieron de un trabajo?

Cuando no conocemos del amor infinito de Dios, es normal que el temor nos invada y nos lleve a tener actitudes preocupantes ante la vida. En cambio, cuando Él nos ha demostrado muchas veces que nos ama y que somos de su rebaño, no hay problema tan grande que no pueda resolver.

La actitud positiva ante las cosas negativas nos hace más valientes y confiados en el Señor Jesucristo. Entonces, sin que nos demos cuenta, la mirada de muchos se desviará hacia nosotros cuando atravesemos un desierto, sobre todo porque nos identifican como cristianos. Es extraño, pero aun en esos momentos podemos testificar con nuestra actitud.

Piensa por un momento en cuántas veces te han dicho que tu problema es de actitud y cuántos dolores de cabeza te ha causado. Solo Dios, que te ama, puede ayudarte a cambiar y a ser noble y humilde, aun cuando el agua te llegue al cuello.

¿Compromiso o costumbre?

Todas las sendas del Señor son amor y verdad
para quienes cumplen los preceptos de su pacto.

Salmo 25:10

Si queremos tener éxito en las cosas que realizamos, ya sea en el ámbito espiritual o en el laboral, no debemos hacer nada por costumbre. ¡Qué bueno es poder tener un compromiso y saber que lo que hacemos es como para Dios y no para los hombres!

La mediocridad en las cosas que realizamos dejará una mala impresión de nuestra persona. Además, si es para los negocios de Dios, ¿te supones la imagen que dejamos cuando hacemos las cosas por costumbre? De inmediato se va a notar nuestra falta de compromiso y de interés. En realidad, Dios busca gente comprometida para bendecir.

Las cosas hechas por costumbre también te pueden llegar a cansar y te pueden llevar a abandonar lo que te ha dado Dios. Tengamos presente que las oportunidades que nos ofrecen las debemos valorar al máximo y disfrutarlas mientras las tengamos.

Pidámosle a Dios que nos guíe, a fin de ser personas comprometidas y de una sola palabra. Esto lo debemos aplicar hasta en nuestra relación de pareja. No permitamos que nuestros matrimonios caigan en la rutina. Me parece crudo y frío estar con alguien por estar acostumbrados a esa persona, cuando sé que ese no es el propósito original de Dios.

Si este fuera tu caso, busca ayuda profesional, y pídele a Dios que te dé los recursos para reconquistar y amar a tu cónyuge, así como para hacer nuevos compromisos de fidelidad, confianza y amor.

Notas

_____

_____

_____

_____

Oración por compromisos

Ten compasión de mí, oh Dios; ten compasión de mí,
que en ti confío. A la sombra de tus alas me refugiaré.

Salmo 57:1

Señor, mi Dios:

Buscamos tu rostro en este día dándote gracias por tus maravillas.

Gracias, Jesús, porque tú eres mayor que cualquier necesidad y que cualquier problema que pueda tener.

Ayúdame, Señor, a ser una persona de palabra, que mi «sí» sea sí y mi «no» sea no. No permitas, mi Dios, que vaya por el mundo creando falsas expectativas. Por eso, quita de mí toda soberbia y hazme una persona recta.

Te honro hoy y me comprometo a hacer cambios y a buscar tu rostro cada día.

Quiero ser un mejor compañero de trabajo, un buen líder, un excelente padre, el mejor de los cónyuges y el mejor de los hijos.

Además, Señor, anhelo amarte, servirte y entregarme a ti con todo mi corazón.

Pongo delante de ti este nuevo día y confío en tus promesas.

Bendice a mi familia y guárdanos de todo mal y peligro.

En el nombre de Jesús, amén y amén.

¿Qué hacemos por Dios?

Por lo tanto, si alguno está en Cristo, es una nueva creación.
¡Lo viejo ha pasado, ha llegado ya lo nuevo!

2 Corintios 5:17

Nuestra oración de ayer fue pidiendo cambios importantes debido a que debemos distinguirnos con principios establecidos, pues somos hijos de Dios.

En lo personal, creo que todos los días debemos dar lo mejor a quien nos da todo lo que queremos, al que cuida de nosotros de manera incondicional.

Hoy mi llamado es a que nos examinemos y descubramos lo que hacemos por Dios. No se trata de que Él nos necesite, sino de que espera muchas cosas de nosotros. Por ejemplo, obediencia, entrega y que le busquemos con todo nuestro ser.

Así que antes tenemos que dejar dos cosas que de seguro no son del agrado de nuestro Padre: Ser quejicosos y pedigüeños.

¿Por qué no empezamos por dejar esa mala costumbre de abrir los ojos y quejarnos por algo o por todo? ¿Dejar de quejarnos por la noche que tuvimos, por el día, por el trabajo, por el cónyuge o por la situación del país? Seguido a eso, si es que se tiene un momento de oración, nos portamos como insistentes «pedigüeños». No, mis amigos, eso no es lo único que espera Dios de nosotros.

Empecemos a distinguirnos. Si buscamos más de su presencia, lo conoceremos mejor. Y conoceremos más de su amor.

Haz el gran sacrificio, si ese es tu caso, y no pidas nada hoy ni te quejes por nada. Así comprobarás la diferencia de vivir en paz y con el gozo del Señor.

Oración por restitución

A ti clamo, oh Dios, porque tú me respondes;
inclina a mí tu oído, y escucha mi oración.

Salmo 17:6

Padre santo:

¡Qué bonito es poderte buscar cuando te necesitamos y saber que escuchas nuestras peticiones!

Bendecimos tu santo nombre y te reconocemos como el Dios Todopoderoso.

Ahora, te pedimos perdón por nuestros pecados y por las malas decisiones que tomamos. También por las promesas que te hicimos y nunca cumplimos. Por habernos dejado llevar por las cosas del mundo y no darte el primer lugar. Te agradecemos por tu ternura y amor, porque nos guardaste en medio de nuestra necedad.

Señor, ayúdanos a andar siempre en tus caminos, pues queremos aprovechar al máximo nuestra vida, de modo que la disfrutemos conforme a lo que anhelas para nosotros. Por eso, te pedimos que pongas en nosotros tanto el querer como el hacer, y podamos cumplir con esas metas que nos trazamos para lograr agradarte en todo.

Dios mío, en ti confía mi corazón, en ti espera mi alma y mi ser descansa en ti. Así que puedo ser feliz, pues sé que estás obrando en mi vida y me estás mostrando tu perfecta voluntad.

Te amo y bendigo.

Amén y amén.

Notas

Cambios necesarios

Guíame, pues eres mi roca y mi fortaleza, dirígeme por amor a tu nombre.

Salmo 31:3

En la vida se presentan dos fenómenos muy comunes: El primero, una culpabilidad por no hacer lo que nos proponemos; y el segundo, se nos va un año tras otro y no logramos realizar lo que prometemos. Así que, ante esto, lo que más deseamos es que cada una de las promesas de cambio que hagamos se conviertan en realidad.

Dios quiere que seamos firmes y que no lleguemos a exponernos. La Biblia dice que no «hay nada escondido que no esté destinado a descubrirse» (Marcos 4:22). Además, entre cielo y tierra no hay nada oculto, pues tarde o temprano Dios sacará a la luz cualquier actitud o cualquier falta que cometamos.

Esto lo viví en carne propia. A decir verdad, no quiero enumerar tus faltas ni mucho menos, pero sí te quiero decir cuáles fueron esas esferas que Dios tuvo que moldear o transformar en mí.

Mi anhelo es que no llegues a tocar fondo como yo, sino que reconozcas tus debilidades y puedas rendirlas a Cristo.

Por lo tanto, debes ser radical, de manera que si ves tu vida reflejada en la mía, comprendas que Dios nos transforma y nos da nuevas oportunidades.

Necesitamos cambiar

Dichosos los que guardan sus estatutos y de todo corazón lo buscan.
Jamás hacen nada malo, sino que siguen los caminos de Dios.

Salmo 119:2-3

Hoy en día, estamos viendo la necesidad que tenemos de rendirle a Dios las actitudes, los pensamientos y los comportamientos, a fin de tener libertad y bendición.

El Señor tuvo que quebrantarme en muchos aspectos de mi vida con el propósito de hacerlos nuevos. Por ejemplo, el espíritu de infidelidad. Esto no significa que fuera una mujer así toda la vida. Sin embargo, mis continuos problemas emocionales y mis malas relaciones con mis exesposos me llevaron a cometer terribles errores como un intento de aborto en mi juventud antes de conocer a Jesús. Aun conociendo a mi Dios, llegué a perderlo todo un día, y de una relación fuera del matrimonio nació mi tercera princesa.

Han sido muchas mis caídas y las consecuencias terribles. Solo por la misericordia de Dios volví a ganar credibilidad hasta con mis propias hijas, recuperar mi trabajo en la radio y, sobre todo, volver a ser feliz.

Dios me concedió los recursos para forjar una nueva vida que me tomó años de obediencia, de guardarme y dedicarme solo a mis hijas y al ministerio, además de cumplir pactos muy serios y radicales con Él.

Asimismo, tuve que reconocer que estaba enferma emocionalmente, y que si no cambiaba, seguiría perdiendo a las personas que amaba.

Por eso, mi amigo, te invito a que lleves cautiva tu vida a Jesús. Él es el único que te puede ayudar a hacer cambios para siempre y ser feliz.

Nueva criatura

*Como hijos obedientes, no se amolden a los malos deseos
que tenían antes, cuando vivían en la ignorancia.
Más bien, sean ustedes santos en todo.*

1 Pedro 1:14-15

Para vivir hay que morir. Si la semilla no muere, no hay fruto. Así que vale la pena morir a la vieja naturaleza pecadora y enderezar nuestra vida por el buen camino.

En nuestro andar con Cristo, hemos aprendido que, aunque fallemos, Dios nos levanta y nos hace nuevas criaturas. Por lo tanto, dejemos atrás a las personas que no son una buena influencia y los amigos que lo único que quieren es que vivamos las cosas del mundo. Es más, se burlan porque eres hombre de una sola mujer, o porque eres una mujer sujeta a tu esposo, o porque no estás en fiestas y vicios. Quizá hasta debas dejar trabajos donde tu vida está expuesta a malas influencias.

No temas hacer estos cambios, porque si lo haces bajo el pacto con Dios, Él te respaldará en tus decisiones y abrirá nuevas oportunidades para ti. No olvidemos que la obediencia es igual a bendición.

Los cambios requieren sacrificios, dominio propio y mucha oración. En realidad, necesitamos orar sin cesar, como nos enseña la Biblia, porque siempre nos estarán rondando las tentaciones.

No atrases tu restitución

El que es fiel en lo muy poco, también en lo más es fiel.

Lucas 16:10, RV-60

Una vez que tomamos decisiones radicales para el cambio, o que quizá saliéramos de alguna crisis emocional o de cualquier tipo, es muy normal sentirse cansado, sin fuerzas y a veces hasta sin ánimos de seguir. No obstante, ahí es cuando viene la promesa de Dios de que Él te sanará, restituirá y devolverá todo lo que te quitó el enemigo.

En esta parte de nuestra situación, debemos tomar muy en serio las cosas que le hemos prometido a nuestro Padre celestial. Después que pasa un tiempo y nos sentimos mejor, la tendencia humana es a olvidarse de Dios y nos podemos desviar del verdadero propósito. Por eso no se nos puede olvidar de dónde nos levanta Dios y ser muy sabios en todas las decisiones que tomemos.

La recaída es un error cuando estamos a punto de salir de una prueba muy perjudicial. Esto no solo es un retroceso en la sanidad que estamos teniendo, sino que le estamos fallando a Dios. Además, lo único que lograremos será el atraso de nuestro milagro, cambio y restitución. De ahí que no valga la pena volver a empezar un proceso cuando no hemos salido del otro.

Es hermoso ver cómo Dios nos devuelve más de lo que teníamos antes y nos pone en lugares de privilegio. Sin embargo, el secreto está en «ser fieles».

Cuida tu milagro

Testificando Dios juntamente con ellos, con señales y prodigios y diversos
milagros y repartimientos del Espíritu Santo según su voluntad.

Hebreos 2:4, RV-60

La primera vez que escuché la frase «Cuida tu milagro», me llamó mucho la atención. ¿Cuidar mi milagro? ¿Cómo? ¿Por qué? Bueno, estas son preguntas que quizá surjan y tengan muchísimo sentido.

Nosotros oramos por un milagro, ya sea por restauración del matrimonio, por salud o cualquier necesidad. Entonces Dios, que es un Dios de milagros, lo hace para demostrarnos su poder sobrenatural, y para que le reconozcamos y honremos. No obstante, una vez que lo hace, nosotros somos los encargados de cuidar ese milagro.

En el momento que Dios nos bendice con un milagro, que humanamente es imposible, es cuando más debemos cuidarlo. Nuestra naturaleza tiende al olvido y a la ingratitud. Así que, a la larga, se descuida ese regalo.

En mi caso, fui una tonta en este aspecto, pues una vez que me sanó Dios, empecé a descuidarme en mis comidas. Las consecuencias no fueron otras que varias recaídas que terminaban en el hospital y muy enferma. La cosa siguió así hasta que en uno de esos tantos retrocesos, estando en el hospital, Dios me mostró que ya me había sanado, pero que yo no cuidaba mi milagro. Fue súper fuerte cuando lo comprendí y no me quedó más remedio que humillarme y pedirle perdón a mi Dios.

¡Cuida tu milagro, honra a Dios y da testimonio de su poder!

Camina una milla extra

Él nos da mayor ayuda con su gracia. Por eso dice la Escritura: «Dios se opone a los orgullosos, pero da gracia a los humildes».

Santiago 4:6

En la Biblia, el Señor Jesucristo nos enseña que cuando nos ofendan, nos insulten o nos hieran en una mejilla, pongamos también la otra mejilla. La pregunta ahora es: ¿Qué haríamos nosotros en semejante situación? ¿Pondríamos la otra mejilla?

Llevémoslo a nuestro diario vivir: ¿Cómo nos comportaríamos ante las personas que nos humillan y ofenden? ¿Estaríamos dispuestos a caminar la milla extra o reaccionaríamos con la misma grosería y violencia? Lo más normal es desear vengarse y pagar, como dice la ley del talión: «Ojo por ojo y diente por diente».

Así que mi reflexión para hoy es que evitemos caer en altanería y grosería. Debemos recordar que tú y yo representamos a Jesús en la tierra y que muchas de las miradas del mundo están sobre nosotros. A decir verdad, esperan nuestras respuestas y reacciones. Con esto no quiero decir que permitamos el maltrato y el abuso, sino que caminemos la milla extra y oremos hasta por nuestros enemigos, como nos ordena la Palabra de Dios. Cuando estés en una situación así, lo mejor es callar y pensar: «¿Qué haría Jesús en mi lugar?».

No se trata de que te vean como un tonto sin carácter. Al contrario, debes sentirte feliz de ser diferente. Por eso no trates de defenderte, y deja que sea el Señor el que te defienda y represente.

El amor de Dios en mi vida

Así manifestó Dios su amor entre nosotros: en que envió a su Hijo unigénito al mundo para que vivamos por medio de él.

1 Juan 4:9

El día 8 de diciembre, esta servidora llegó a este mundo. Creo que por eso disfruto tanto las temporadas navideñas.

Aún recuerdo mi niñez sencilla, pero muy divertida, en mi natal Colombia. Había fuegos artificiales y disfrutaba de la compañía de mis amistades. En esa época, como buena católica, celebraba la conocida «Novena de Aguinaldos» con villancicos, el árbol de Navidad y, sin faltar, el pesebre, o como se conoce en algunos países, el nacimiento. A pesar de esta hermosa época, desconocía el verdadero significado de la Navidad, pues para muchos solo era una oportunidad de vacaciones, mientras que para otros era enfrascarse en una serie de decoraciones navideñas. Así que un día, hace muchos años, comprendí el verdadero significado de la «Navidad».

La Navidad es hermosa y sé que en esos días surge en nuestro corazón una necesidad por la familia y un anhelo de comprarles regalos a los niños que los esperan con tanta ilusión. Aun así, tú y yo debemos entender que Jesús es la verdadera razón de la Navidad. Cuando le abrimos nuestro corazón, nos convertimos en el pesebre donde nace el Salvador. Por lo tanto, debemos darle gracias a Dios por su Hijo, Jesús, que vino a este mundo para darnos el regalo de la vida eterna.

Si aún no has tenido ese encuentro personal con Jesucristo, ¿por qué no permites que ese corazoncito bello que tienes se convierta hoy en un pesebre donde nazca tu Salvador? De ese modo, ¡tú también nacerás de nuevo!

_____

_____

_____

Cambios repentinos

El Señor dice: «Yo te instruiré, yo te mostraré el camino que debes seguir;
yo te daré consejos y velaré por ti.s.

Salmo 32:8

Nadie en este mundo puede estar preparado para un cambio. Por lo general, las pruebas nos sorprenden y estremecen.

Sé que algunos atraviesan cambios que nunca esperaron, y en vez de acordarse de Dios y saber que Él tiene el control, maldicen su propia vida y ponen a Dios como el malo.

Quiero que sepas que no todos los cambios vienen de Dios, ni del enemigo, aunque hay quienes piensan que se deben a la mala suerte.

Muchas veces somos nosotros mismos lo que propiciamos esos cambios. Si se trata del trabajo, quizá se debiera a que no hacíamos al ciento por ciento lo que se nos mandaba. En ocasiones, tenemos actitudes que perjudican nuestra situación laboral, así que caemos en chismes, malas reacciones, incumplimientos y todo eso afecta.

Al nivel de la iglesia, se reflejan esas mismas actitudes. No hay sencillez, sino rebeldía de querer hacer lo que se nos dé la gana. Olvidamos que si estamos en un ministerio, nos debemos a ellos en honrar, sujetarnos y simplemente servir.

Reflexionemos, pues, y hagamos una evaluación de cómo somos y en qué aspectos necesitamos cambiar.

Lo que no entendemos de Dios

Ahora conozco de manera imperfecta,
pero entonces conoceré tal y como soy conocido.

1 Corintios 13:12

Si lo analizamos, es imposible entender a Dios en su totalidad. Estoy segura que muchas veces tú, al igual que yo, le has preguntado: «Señor, ¿por qué suceden tantas cosas malas? ¿Por qué, Dios mío, permitiste que sucediera esto?». Incluso, algunas cosas nos parecen más injustas que otras.

Sin embargo, en muchas ocasiones no hay respuesta de parte de Dios. Así que empezamos a juzgarlo, a refutarlo y, en el peor de los casos, nos peleamos con Él.

Se han escrito libros muy buenos acerca de las cosas que no entendemos de Dios y creo que, a pesar de que se sigan escribiendo y predicando, nadie tiene la respuesta a las cosas incomprensibles de nuestro Padre celestial.

Lo que yo entendí, y lo aplico a mi vida, es que aunque no comprenda ciertas cosas que me suceden, o que suceden a mi alrededor, sé que todo tiene un propósito por el cual lo permitió Dios.

Querido amigo, si estás viviendo algo que aún no entiendes, no cuestiones al Señor y le preguntes: «¿Por qué?». En su lugar, pregúntale: «¿Para qué?». Nadie puede entender por completo los misterios de Dios. Quizá algún día, en su presencia, podamos preguntarle el porqué de todo lo que no entendemos hoy.

Lo único eterno

Más bien, acumulen para sí tesoros en el cielo, donde ni la polilla ni el
óxido carcomen, ni los ladrones se meten a robar.

Marcos 10:45

¡Qué consuelo saber que aunque nuestra madre y nuestro padre nos abandonen, Dios nunca nos abandonará! Esta es una hermosa promesa que vemos cumplida en cada uno de los que han experimentado el abandono. En realidad, Dios se encarga de tomarlos en sus brazos y decirles: «Tranquilos, no teman, yo estoy con ustedes».

Las cosas eternas vienen de Dios. Todo lo que vemos en esta tierra, trabajos, bienes y demás, son extras, pues en cuanto partamos de este mundo, «nada» nos podremos llevar.

Por eso sabiamente la Palabra dice: «No acumulen para sí tesoros en la tierra» (Mateo 6:19), pues nuestro corazón se puede dañar a causa del dinero que algún día tendremos que abandonar.

Amigos, Dios nos conoce a cada uno de nosotros a la perfección y puede saber si nuestro corazón está dañado por el dinero o las riquezas. Ahora bien, con esto no quiero decir que no puedes ser próspero y mantener un estilo de vida como mereces por ser hijo del Dueño del oro y de la plata.

No obstante, si tus riquezas valen más, ocupan el primer lugar en tu corazón y han desplazado a Dios, tienes invertido el orden de prioridades en cuanto a estos principios.

Hoy es tu oportunidad de rendir este aspecto de tu vida a Dios y Él, que es grande, poderoso y misericordioso, te ayudará.

A todos nos pueden sustituir

Por lo tanto, pregunto: ¿Acaso rechazó Dios a su pueblo? ¡De ninguna manera!

Romanos 11:1

El mundo dice que a todos nos pueden sustituir. Para muchos, lo que tú y yo hacemos en nuestro trabajo se valorará hasta el día que estemos vigentes. Sin embargo, cuando no estemos, lo más probable es que la gente nos olvide.

¿Sabes? Eso será teoría para otros, pero yo no voy con esa línea de pensamiento. Voy por la línea del Señor, que es muy diferente.

Primero que todo, Dios es el que nos bendice cada día. Es el que nos ha dado los dones y talentos, y será más feliz cuando los utilicemos. Además, si reconocemos que somos hijos del Creador y que le interesa que nos vaya bien, Él será el que nos abrirá y cerrará las puertas, y nos colocará en lugares de privilegio.

Este concepto de sustitución sucede también en el ámbito de las relaciones. Me refiero a las personas que cambian de pareja como cambiar de zapatos, sin valorar principios y sentimientos. Así que van por el mundo dejando heridas, a veces incurables, en la vida de otros.

La enseñanza de hoy es que no importa quién te deseche, ni quién te abandone, ni quién te sustituya en tu trabajo, pues no eres menos por eso. Piensa que hay un Dios que te ama y tú eres único para ese Creador.

Oración por el lugar en Cristo

Dios puede hacer que toda gracia abunde para ustedes, de manera que [...] toda buena obra abunde en ustedes.

2 Corintios 9:8

Dios mío:

Gracias por este nuevo día que nos regalas. Hoy vengo delante de ti presentando a cada uno de tus hijos, a cada persona que hoy lee estas cortas líneas o que escuchan a través de la radio o el internet esta pequeña, pero muy significativa oración.

Te pido, mi Dios, que estas palabras logren tener el efecto en la vida de las personas que necesitan poner todo su ser en tus manos.

Te ruego por cada una de esas personas que no se aprecia, ni valora o que su autoestima está por los suelos, a fin de que pueda colocar su identidad en ti. Que con tu ayuda, salgan a conquistar el mundo, sientan el deseo de alcanzar metas y, lo más importante, experimenten tu compañía.

Señor, rompe toda cadena de amargura y depresión. Corta todos los lazos del pasado y, en este momento, infunde en sus corazones un nuevo soplo de vida cargado de deseos de vivir, superarse, olvidar y perdonar. Que de ahora en adelante, sin importar la situación que atraviesen, sepan que su lugar está en ti.

Acompáñanos, mi Dios, y ten misericordia de nosotros. En el nombre de Jesús, amén y amén.

¿Crees en el Hijo de Dios?

Si alguien reconoce que Jesús es el Hijo de Dios,
Dios permanece en él, y él en Dios.

1 Juan 4:15

Hace ya varios años me hicieron esta pregunta: «¿Crees en el Hijo de Dios?». A lo que respondí: «Sí, en Dios sí». Entonces, me insistieron: «¿En el Hijo de Dios?». En realidad, no entendía por qué me repetía la pregunta, pues para mí era lo mismo.

En efecto, Dios y Jesús son una sola persona, pero la pregunta iba más allá, pues era muy profunda. Aunque son uno solo, Jesús representa un papel demasiado importante en nuestra vida, sobre todo para nuestra salvación.

Ahora, yo te pregunto: «¿Crees en el Hijo de Dios?». Si tu respuesta es positiva, sabrás que solo llegamos al Padre por medio de su Hijo. Además, cuando lo confiesas y lo recibes en tu corazón, tienes vida eterna.

No obstante, si tu respuesta es negativa, no te sientas mal. Al igual que tú, muchos lo desconocen. Por eso Jesús vino a este mundo y lo crucificaron injustamente para que con su sangre derramada en esa cruz limpiara nuestros pecados. Por eso también se le conoce como el Cordero que quita el pecado del mundo.

Te invito a que des este paso hoy que será definitivo en tu vida. Repite en voz alta:

«Señor Jesús, he entendido que solo por medio de ti puedo llegar al Padre. Por eso te recibo en mi corazón como mi único y verdadero Salvador. Perdona mis pecados y escribe mi nombre en el Libro de la Vida. Amén y amén».

Consejos prácticos para el diario vivir

Lámpara es a mis pies tu palabra, y lumbrera a mi camino.
Salmo 119:105, RV-60

Hay un refrán popular que expresa: «El que no oye consejos no llega a viejo». Y es muy cierto.

No sé si te ha pasado, pero a mí sí. A veces nuestros padres nos aconsejan y nos dicen cosas que saben que son buenas, pero no les hacemos caso. Hoy, despúes de tantos golpes en la vida, te puedo decir que debemos escuchar los consejos de nuestros padres, pues tienen la experiencia y la sabiduría de la vida. Además, desean lo mejor para nosotros.

He aquí algunos consejos útiles que me han dado buenos resultados:

- Coloca a Dios en primer lugar.
- Deja el pasado atrás.
- Ten en alto tu autoestima.
- Valórate.
- No menosprecies lo que tienes.
- Sé fiel, honesto y sincero.
- No envidies los triunfos de los demás.
- Trabaja con excelencia.
- Sé humilde.
- Sé obediente a los mandamientos del Señor.

Si quieres ser feliz de verdad, pon en práctica lo que te aconseja la Palabra de Dios.

Ética profesional

Mantengan entre los incrédulos una conducta tan ejemplar que, aunque los acusen de hacer el mal, ellos observen las buenas obras de ustedes.

1 Pedro 2:12

Desde la creación, el Señor nos dio el trabajo. Sin embargo, las cosas cambiaron después de la caída de Adán y Eva en el jardín del Edén. También cambiaron los planes que tenía Dios para nosotros y vinieron las consecuencias.

Desde entonces, Dios le ordenó a Adán que se ganara el pan con el sudor de su frente. Y por eso el trabajo es tan importante para el hombre. Es como el ADN que Dios estableció en el hombre. De ahí que cada vez que un hombre tenga problemas económicos e inestabilidad financiera, se sienta morir, le afecte en su hombría y hasta caiga en depresión.

No obstante, si Dios estableció el trabajo, es para que fuera de bendición para ti y tu familia. Así que lo menos que podemos hacer es trabajar con excelencia y ética profesional.

No me refiero solo a ser honestos en la empresa, el taller, la fábrica, la escuela, el canal de televisión, la emisora o la revista donde se trabaje, también me refiero a tu trabajo dentro de la iglesia.

Hay personas dentro de las iglesias y los ministerios que no trabajan con ética. Toman el servicio a Dios como algo que no merece integridad ni profesionalismo, como si Él no los estuviera observando y algún día no les fuera a pedir cuentas.

Cuando siento que caigo al abismo

Todos los días del afligido son difíciles; mas el de corazón contento tiene un banquete continuo.

Proverbios 15:15, RV-60

En cada uno de nosotros hay diversos estados de ánimo, así que en momentos críticos de nuestra vida se van a manifestar de manera diferente. No todos somos propensos a tener las mismas actitudes ante las experiencias que nos toca vivir.

He escuchado que la depresión es muy dura de soportar y, aunque es un mal tan común hoy en día, lo ideal es aprender a combatirla. A pesar de eso, he comprobado que todo, absolutamente todo, en la vida es pasajero. No hay nada que dure para siempre.

Cuando sabemos y creemos que tenemos un Dios, no podemos pensar que las pruebas no tienen solución. Sería como limitarlo para cambiar las circunstancias. Sería como decirle: «Mi problema es mayor que tu poder y definitivamente me quedo así. No puedo hacer otra cosa».

¿Te imaginas como se sentirá Él?

Mi invitación para ti este día es para que salgas de ese estado con la ayuda de Dios. Si crees y confías en Él, debes dar ese paso de fe. ¡Créele a Dios!

Respuestas tardías

El Señor tu Dios es el Dios verdadero, el Dios fiel, que cumple su pacto [...]
y muestra su fiel amor a quienes lo aman y obedecen sus mandamientos.

Deuteronomio 7:9

Ya hemos hablado en este libro devocional que los tiempos de Dios no son nuestros tiempos y esto afecta en gran medida a ciertas personas.

Hay muchos de ustedes que no tienen mayor problema con sentarse a esperar que Papá Dios conteste a una pregunta u oración. Otros, por el contrario, son tan desesperados que necesitan las respuestas de inmediato y en cuanto las solicitan.

Cuando vamos a la Biblia, encontramos ejemplos que nos muestran que en algunos casos Dios tardaba mucho tiempo en contestar. Uno de estos lo tenemos en Job. Su tiempo de prueba fue tan difícil que se le murieron todos sus hijos, perdió todos sus bienes, y terminó con sarna y rascándose con una teja. A pesar de eso, y en medio de su frustración, confiaba en que Dios no lo abandonaría. Aunque, claro, hubo ocasiones en que se quejó por la indiferencia ante la maldad y hasta le reprochó al Señor lo que consideraba su descuido cuando le dijo: «Recuerda, oh Dios, que mi vida es un suspiro; que ya no verán mis ojos la felicidad» (Job 7:7).

Luego, Dios cambió las cosas a su tiempo y le aumentó a Job el doble la prosperidad anterior. Le extendió la vida a ciento cuarenta años, y pudo ver a sus hijos y a los hijos de sus hijos hasta la cuarta generación.

El Señor no permite que suframos sin motivo, y aunque ese motivo esté oculto en los propósitos divinos y nunca sepamos por qué, debemos confiar en que Él siempre hace lo bueno.

_____

_____

_____

_____

Recompensa en el cielo

Dios, que es rico en misericordia, por su gran amor por nosotros, nos dio vida con Cristo [...] ¡Por gracia ustedes han sido salvados!

Efesios 2:4-5

¿Por qué esperar hasta el cielo para recibir algo por lo que hicimos? Dios ha dejado establecido que nosotros somos salvos por gracia, un regalo inmerecido, y no por obras para que nadie se gloríe.

¿Quién mejor que Él para conocer nuestra naturaleza? Él nos creó y sabía que tenía que ser de esa manera. ¿Te imaginas de qué iba a depender nuestra salvación si no fuera por su gracia? Pues bien, iba a depender de lo que hiciéramos en la tierra.

Me imagino que con esto seríamos unos orgullosos, malagradecidos e ingratos. Además, habría una lucha de poderes, pues tu éxito podría causar envidias en otros y te sería muy difícil encontrar personas que se gozaran de verdad en tus triunfos.

Con esto en mente, recordemos que a Dios nada de lo que hagamos en la tierra le sorprende, ya que lo único que le sorprende es nuestra obediencia.

Así que, a la hora de la verdad, lo que cuenta es su opinión, y Él determinó salvarnos por gracia y recompensarnos con la vida eterna por medio de nuestro Señor Jesucristo.

Convertidos de verdad

Mis queridos hermanos, como han obedecido siempre [...] lleven a cabo su salvación con temor y temblor.

Filipenses 2:12

Algo que ha enternecido mi corazón hacia Dios es conocer que Él siempre me buscó. Que desde el vientre de mi mami ya sabía mi nombre y conocía mi destino.

Ahora, después de tantos años de conocerle, puedo recordar que varias veces tocó a mi puerta como todo un caballero, y a través de diversas situaciones me envió alertas de que mi vida corría peligro si no enderezaba mis caminos.

Hoy en día lamento no haberle abierto mi corazón desde antes. Con todo, lo que más me preocupa es que, conociendo su amor y su sacrificio, en varias oportunidades le he fallado y he caído una y otra vez.

Día tras día tomo conciencia de que la salvación no es un juego, y que debo buscar siempre su rostro y vivir en integridad. Por eso Dios, que es amor, nos brinda la oportunidad de reorganizar nuestra vida y está dispuesto a levantarnos, fortalecernos y a darnos una vida diferente. Aun así, todo dependerá de cada uno de nosotros.

Mi invitación para ti es que tomes la decisión de abrir la puerta de tu corazón y aceptar el regalo de la salvación que te ofrece Dios.

Tú y toda tu casa

Cree en el Señor Jesucristo, y serás salvo, tú y tu casa.

Hechos 16:31, RV-60

Es posible que lleves años orando por tu familia para que conozca de Dios. ¡No te canses de hacerlo! Cuando menos lo pienses, la oración que está bajo la voluntad del Padre recibirá respuesta.

Por eso no podemos desanimarnos si pasan meses, años y no hay cambio. Muchas personas se desalientan y piensan que Dios jamás hará el milagro.

Yo soy fruto de esa oración permanente de mi hermana Norma. Ella fue la primera de la familia en conocer de Jesús y, desde entonces, empezó a orar por mi salvación. Al principio, era muy duro porque la rechazaba y la llamaba «religiosa» porque la veía con la Biblia. Sin embargo, ¡quién pensaría que al año yo estaría postrada recibiendo a mi Jesús!

Después de mí vino la conversión de mi mami, mi papi, de Helenita, su esposa, y de esa manera se ha ido cumpliendo la Palabra de Dios para salvación de toda la familia.

No te desanimes y ora sin cesar. La oración tiene poder.

El mejor ejemplo

Les he puesto el ejemplo, para que hagan lo mismo que yo he hecho con ustedes.

Juan 13:15

Tú y yo tenemos el llamado a ser ejemplo. ¿Has pensado alguna vez que por nuestra mala actitud hemos espantando literalmente gente que podría estar en los caminos de Dios?

¡Qué tremendo es que aun amando a Dios nos dejemos llevar por ese carácter explosivo que en un momento de ira dice y hace cualquier cosa menos buscar de Jesús!

¿Qué te parece si hoy traemos a nuestra memoria a cuantas personas hemos ofendido, maltratado o juzgado, y por esas razones no quieren saber nada de ti ni de Dios? Sería de mucha bendición para tu vida que buscaras esas personas y les pidieras perdón.

No es bíblico ni sano llevarnos mal con otras personas. Eso daña nuestra vida espiritual y no permite que se desaten las bendiciones que nos envía Dios.

Cada día, dispongamos nuestro corazón de manera que refleje el carácter de Cristo y llevemos cautivo todo pensamiento a la obediencia del Padre.

_____

_____

_____

_____

Reciclamiento

No se contenten solo con escuchar la palabra, pues así se engañan
ustedes mismos. Llévenla a la práctica.

Santiago 1:22

Así como el reciclamiento es importante para tener un planeta más provechoso y una vida más sana, también lo es para nuestra vida diaria. Esto lo vemos cuando en verdad tenemos ese anhelo de cambiar, de desechar lo que no sirve, separar lo que puede ser tóxico y utilizar, como es debido, los talentos y dones que hemos desaprovechado.

¡Qué bueno sería que en las proyecciones que hacemos muchas veces pongamos el deseo ferviente de reciclar siempre en nuestra vida!

Es decir, separarnos de las cosas y personas que nos contaminan y entregar en las manos de Dios las partes más nocivas de cada uno para que las purifique con su amor. De esa manera lograremos comenzar de verdad una vida nueva.

No sigamos utilizando los mismos recipientes. Pidámosle al Señor que nos dé nuevas vestiduras y que esos cambios se puedan ver en nosotros. Entonces, de seguro, muchos se interesarán por nuestro cambio y desearán imitarnos.

_____

_____

_____

_____

Nochebuena

Jesús les habló, diciendo: Yo soy la luz del mundo; el que me sigue, no andará en tinieblas, sino que tendrá la luz de la vida.

Juan 8:12, RV-60

Cada año, esperamos el día de la fiesta que llamamos «Nochebuena», que es la víspera de la celebración de la llegada del Salvador a la tierra.

El nacimiento del Niño Jesús es el cumplimiento de la Palabra de Dios. Sin embargo, durante décadas, la verdadera celebración se ha tratado de opacar con el comercio, las fiestas y muchas otras cosas. Y eso no cambiará.

Como creyentes en Cristo, la época de la Navidad es muy hermosa. En mi caso, siempre la celebro con mis princesas, mi esposo y mi familia, donde hay un tiempo precioso en el que disfrutamos de momentos especiales de oración para poner nuestra vida en las manos de Dios. Además, lo que es más importante, todos le damos gracias a Dios por las cosas que Él ha hecho y por ese regalo hermoso que podemos compartir con otros, Jesucristo, cuando les revelamos que Él es la luz del mundo y que quienes le siguen no andarán en tinieblas, sino que tendrán salvación y vida eterna.

Si Jesús vino para cambiar el mundo, aprovecha la oportunidad que Él te brinda para nacer de nuevo. Claro, desde el punto de vista espiritual. Así que no luches más y entrégale tu vida a Dios para que Él pueda cumplir su propósito en ti. De esa manera, lograrás ser una mejor persona.

Cuando celebres épocas tan bonitas como la Navidad, no permitas que esta solo sea de fiestas y regalos. Ten presente que el mejor regalo que le puedes dar a tu familia es tu cambio. Esto les producirá un deseo por conocer lo que te hizo cambiar y la gloria será para Dios.

No te sientas solo

Si puedes creer, al que cree todo le es posible.

Marcos 9:23, RV-60

El enemigo quiere hacerte sentir que estás solo, triste, que nadie se acuerda de ti y que no vales nada. Si miras a tu alrededor, a lo mejor piensas que estás solito en un hospital, en una cárcel o en casa. Sin embargo, no les des cabida a esos pensamientos que no vienen del Señor. Dios está tan cerca como tú lo quieras sentir.

En su Palabra lo dejó registrado en muchos versículos donde nos recuerda que nunca nos desamparará ni nos abandonará, que nos ha dejado su paz, y que estará con nosotros hasta el fin del mundo.

Solo tienes que levantar tu mirada al Creador y decirle cómo te sientes, y que deseas que te perdone y bendiga tu vida. Su presencia la sientes en alegría y en unas ganas enormes de seguir adelante

Recuerda que Dios cuida de ti y conoce tus necesidades. Aun así, debes confiar en Él. Cuando te invadan esos pensamientos de tristeza, empieza a orar en seguida y declara: «Si Dios está conmigo, ¿quién contra mí?».   .

Cuidado con la vanidad

Ante ti, Señor, están todos mis deseos; no te son un secreto mis anhelos.

Salmo 38:9

El ejemplo más increíble de humildad nos lo dejó Jesús en sus treinta y tres años que estuvo en la tierra. Siendo el Hijo de Dios y teniendo todo el poder para haber sido vanidoso, ya que tenía por qué creerlo, fue servicial, misericordioso y trabajador. Además, se preocupaba de que todos aprendieran el propósito de su misión en este mundo.

Y nosotros, sin tener nada de qué jactarnos, somos vanidosos. Entre estos vanidosos se encuentran los que aman el dinero, y este es un mal de nuestros días. Con esto no me refiero a que no puedas ser próspero. Lo importante es que te mantengas siendo humilde y con los pies en la tierra, aparte de generoso y bondadoso.

¿Por qué te digo esto? Porque el Manual de Instrucciones reprende la vanidad como pecado. Ahora bien, eso no quiere decir que debas desechar tus sueños y anhelos. Al contrario, cuenta con Dios para que sean de acuerdo a su voluntad... ¡y todo te saldrá bien!

Pasos firmes

El Señor afirma los pasos del hombre [...] podrá tropezar, pero no caerá,
porque el Señor lo sostiene de la mano.

Salmo 37:23-24

Siempre he pensado en lo difícil que debe ser caminar sobre arena movediza, con esa sensación de dar un paso firme y, de repente, ver que tu pisada va hacia lo profundo. Entonces, si no tienes algo en qué apoyarte o en qué dejar firme tu otro pie, de seguro que se te hundirán los dos.

Siempre que tengo la oportunidad de ir al mar, algo que me intranquiliza y es precisamente no tener seguridad en mis pasos. Las pisadas sin ver por dónde camino es como esperar que, de un momento a otro, tropiece con una roca o una planta marina. De verdad, no es mi mejor plan.

Por eso ahora en mi vida me gusta estar muy atenta a mis pasos. Además, me parece muy importante que los pasos que dé cada día sean seguros, firmes y en una senda trazada por mi Dios.

Cuida tus pasos y sigue las huellas de Jesús. De esta manera, nunca caerás en el abismo, y si tropiezas y caes, Dios te levantará y sanará.

Testifica

Vete a tu casa, a los tuyos, y cuéntales cuán grandes cosas el Señor ha hecho contigo, y cómo ha tenido misericordia de ti.

Marcos 5:19, RV-60

Cuando lo analizo, puedo decirte que este libro es un milagro de Dios. Sin ser autora ni escritora, sino una mujer de la radio, Él puso su propósito en mi corazón, a fin de que le testificara al mundo todo lo que había hecho en mi vida. Así que, en obediencia, respondí a su claro mandato: «Escribe en un libro todas las palabras que te he dicho» (Jeremías 30:2).

El mundo tiene que saber que Dios hace milagros poderosos. Él me libró de la muerte y me levantó cuando creía que mi vida se iba a lo más profundo del abandono.

Si has leído este libro en su totalidad, puedes ver con claridad el amor de Dios en mi vida. Durante años, me sostuvo como madre soltera de tres princesas, y a ellas jamás les ha faltado nada. Y si lo hizo conmigo, sé que también lo puede hacer contigo.

Por eso, si tienes a Cristo en tu corazón, debes testificar, pues otros aún no han conocido de veras a Dios y podrán conocerlo por medio de ti. No calles y dile al mundo de dónde sacó Él tu vida.

Ningún ritual te acerca a Dios

No adores a otros dioses, porque el Señor es muy celoso. Su nombre es Dios celoso.

Éxodo 34:14

Cuando llegan los días de fin de año, es triste ver cómo hasta algunos cristianos tienen muchísimas creencias que más que honrar a Dios lo entristecen... ¡y yo diría que lo enfurecen!

Por tradición, y en tiempos como este, la cultura quiere ciertos rituales que influirán para que tengas un año lleno de dinero, éxitos, viajes y no sé qué otras cosas más. Para lograrlo, te dicen que debes usar ropa interior de color amarillo, o salir con una maleta y darle no sé cuántas vueltas a la cuadra. ¿Te estás identificando?

Quiero que sepas que nada de esto determinará tu vida ni el éxito. Dios es el dueño de tu vida y es el único que conoce el futuro. Incluso, sabe lo que tú y yo viviremos en los próximos años. Además, solo Él puede cambiar nuestro destino.

Así que todo lo que hagas, como la lectura de las cartas y de las manos, las visitas a los brujos y psíquicos, los baños con aguas para la suerte, las comidas o magias, TODO es pecado. Esto lo dice la Palabra de Dios y lo aclara bien en varios pasajes. Por eso ahora te invito a que investigues sobre lo que Dios piensa de los brujos y hechiceros.

En realidad, solo la oración tiene poder y nada que hagas fuera de la voluntad de Dios tendrá su bendición.

Notas

Hagamos todo lo bueno

Dios es el que me ciñe de fuerza, y quien despeja mi camino; Quien hace mis pies como de ciervas, y me hace estar firme sobre mis alturas.

2 Samuel 22:33, RV-60

Todo lo negativo que pudo ocurrirte en la vida no debe marcar tu futuro.

Hace algún tiempo, hacía por los días de fin de años una lista de peticiones y se las presentaba a Dios con una oración el 31 de diciembre a la medianoche. Era como colocar un montón de sueños y anhelos en la presencia de Dios y confiar en que Él me los cumpliría uno a uno.

Sin embargo, hay cosas que ya Dios tiene programadas para cada uno de nosotros y, tarde o temprano, se cumplirán. Así que no te encierres solo en tus deseos, sino deja varios espacios en blanco para que Él mismo sea el que los llene. Déjate sorprender por Dios. ¡No te vas a arrepentir!

Disponte a entrar cada día con tu mente y corazón en sintonía con el Señor. Ah, y otra cosa, recuerda que Él siempre desea lo mejor para ti.

Oración por un nuevo comienzo

Nuestra boca se llenó de risas; nuestra lengua, de cancione jubilosas [...] Sí, el Señor ha hecho grandes cosas por nosotros, y eso nos llena de alegría.

Salmo 126:2-3

Señor Jesús:

Solo pueden salir de mis labios palabras de agradecimiento por todo lo poderoso que has sido siempre con nosotros. En cada momento de mi vida estás a mi lado escuchando mis necesidades. Eres mi socorro en tiempos de angustia.

Gracias porque me ayudas a que muchas de mis peticiones se hagan realidad. Te agradezco también que me llenaras de valentía cuando pensaba que no sería capaz de salir adelante.

Te amo con todo mi corazón y, a partir de hoy, entrego en tus manos mi vida, mi salud, mi economía, mi familia, mi trabajo y todos los anhelos profundos de mi corazón que ya tú conoces.

Guárdame, mi Dios, y acompáñame siempre en mi entrar y en mi salir.

En el nombre de Jesús te lo pido, amén y amén.

Acerca de la Autora

CLAUDIA PINZÓN, colombiana radicada en los Estados Unidos, por más de tres décadas ha desarrollado su carrera como productora y conductora de programas radiales. Durante diez años formó parte del equipo de la principal radio colombiana en Miami, «Caracol 1260 AM», donde obtuvo reconocimientos por su gran labor comunitaria. Dentro de la radio cristiana ha conducido los programas más escuchados en el sur de la Florida.

Por dos años consecutivos, 2012 y 2013, la premiaron como la «Mejor Locutora en los Medios de Comunicación Cristiana» de los Estados Unidos.

Por herencia de su padre, el señor Carlos Pinzón, pionero de la radio y televisión en Colombia, lleva la radio y el servicio comunitario en sus venas. Su trabajo con la comunidad en Miami la ha llevado a recibir reconocimientos por parte de la ciudad y diferentes organizaciones.

En su caminar con Jesucristo, ha vivido experiencias que le han marcado su vida espiritual, dejándole lecciones conmovedoras de vida, donde los milagros y la misericordia de Dios han sido sus fieles compañeros.

Dedica parte de su tiempo a dictar conferencias y a escribir, gracias al apoyo constante de su esposo e hijas. Además, su trabajo lo desarrolla entre la Florida y Arkansas, donde disfruta de sus princesas y amados nietos.

Claudia no solo ha conquistado a sus oyentes y seguidores con sus libros sencillos y llenos de testimonios, sino que ha ayudado a miles de lectores a caminar con fe tomados de la mano de Dios.

Para más información y solicitudes de conferencias, seminarios y talleres, puedes comunicarte con Claudia en las siguientes direcciones:

Correo electrónico: claudiapinzond@gmail.com
WhatsApp: (786) 283- 2257
En las redes: @ClaudiaPinzond